Iniciação à oração

Dados Internacionais de Catalogação na Publicação (CIP)
(Câmara Brasileira do Livro, SP, Brasil)

Pasolini, Roberto
  Iniciação à oração / Roberto Pasolini ; tradução de Gelbart Souza Silva. – Petrópolis, RJ : Vozes, 2025.

  Título original: Iniziazione alla preghiera
  ISBN 978-85-326-7065-6

  1. Oração – Cristianismo 2. Vida cristã I. Título.

24-236166   CDD-248.32

Índices para catálogo sistemático:
  1. Oração : Prática cristã : Cristianismo   248.32

Cibele Maria Dias – Bibliotecária – CRB-8/9427

Frei Roberto Pasolini

Iniciação à oração

Tradução de Gelbart Souza Silva

Petrópolis

© 2024 Edizioni San Paolo s.r.l.
Piazza Soncino 5 – 20092 Cinisello Balsamo (Milão) – Itália
https://www.edizionisanpaolo.it/

Tradução do original em italiano intitulado *Iniziazione alla preghiera*

Direitos de publicação em língua portuguesa – Brasil:
2024, Editora Vozes Ltda.
Rua Frei Luís, 100
25689-900 Petrópolis, RJ
www.vozes.com.br
Brasil

Todos os direitos reservados. Nenhuma parte desta obra poderá ser
reproduzida ou transmitida por qualquer forma e/ou quaisquer meios
(eletrônico ou mecânico, incluindo fotocópia e gravação) ou arquivada em
qualquer sistema ou banco de dados sem permissão escrita da editora.

CONSELHO EDITORIAL

Diretor
Volney J. Berkenbrock

Editores
Aline dos Santos Carneiro
Edrian Josué Pasini
Marilac Loraine Oleniki
Welder Lancieri Marchini

Conselheiros
Elói Dionísio Piva
Francisco Morás
Teobaldo Heidemann
Thiago Alexandre Hayakawa

Secretário executivo
Leonardo A.R.T. dos Santos

PRODUÇÃO EDITORIAL

Aline L.R. de Barros
Anna Catharina Miranda
Eric Parrot
Jailson Scota
Marcelo Telles
Mirela de Oliveira
Natália França
Priscilla A.F. Alves
Rafael de Oliveira
Samuel Rezende
Verônica M. Guedes

Diagramação: Editora Vozes
Revisão gráfica: Jhary Artiolli
Capa: Isabella Carvalho

ISBN 978-85-326-7065-6 (Brasil)
ISBN 978-88-922-4362-0 (Itália)

Este livro foi composto e impresso pela Editora Vozes Ltda.

Sumário

Introdução, 7

1 – Só para começar, 11
Partir do zero, 11
Começar do coração, 17
Definir algumas regras, 23
Colocar-se em escuta, 30

2 – Descobrir-se habitado, 35
Acolher, 35
Deixar-se dizer, 40
Atravessar o medo, 47
Libertar o desejo, 52

3 – Purificar o olhar, 57
Reconhecer o Pai, 57
Pensar como filhos, 63
Ser invasivo, 69
Não se irritar, 74

4 – Comprometer-se, 83
Ampliar a vontade, 83
Arriscar a vida, 89
Confiar no bem, 97
Não temer o mal, 103

5 – Perder o controle, 107
Ver Deus, 107
Reconhecer o amor, 113
Livres e autênticos, 119
Finalmente viver, 124

Conclusão, 131

Introdução

A oração não é difícil, é impossível. Se levarmos a sério aquela fratura originária de que fala o Livro do Gênesis, devemos partir do fato de que o diálogo entre o homem e o seu Criador caiu num abismo de desentendimentos e de complicações. Todavia, duas notícias nos podem dar um conforto imediato. A primeira é que, desde os tempos antigos, os seres humanos sentiram o profundo desejo de dirigir-se a Deus com diversas formas de ritos, palavras, cantos e preces. A oração existe desde sempre, e cada experiência codificou-a em formas livres ou estruturadas que marcaram a existência de milhões de homens e mulheres ao longo dos séculos. Poderíamos dizer que a brusca interrupção da relação não suprimiu aquela aspiração divina tão invisível e, ao mesmo tempo, tão enraizada nas fibras do coração humano.

A segunda notícia, ótima, é a de que, depois da ressurreição de Cristo, nós acreditamos que tenha começado uma nova e definitiva criação, dentro da qual acontecem coisas impossíveis somente às forças humanas, mas possíveis ao humilde poder do amor de Deus. Na lista dessas novidades, acessíveis graças ao dom da salvação, à oração cabe certamente um lugar de honra. Não podendo mais suportar a distância que fora criada entre nós e Ele, Deus não se contentou de se aproximar de nossa humanidade, colocando em fuga medo e vergonha. Quis soprar em nosso peito o seu Espírito de amor, a fim de reanimar aquela intimidade tão necessária para existirmos diante dele como filhos e filhas amados. Diante de corpos que corriam o risco de "morrer" por ter perdido a origem e o destino deles, Deus aproximou os seus lábios aos nossos, restaurando, acima de tudo, a possibilidade de nos olharmos face a face e de recomeçar a conversar num clima de confiança reestabelecida.

Isso, de fato, é o mistério da oração: a variedade de palavras, expressões, posturas e silêncios com que nós e Deus mantemo-nos em diálogo de amor fundado no respeito da recíproca liberdade. Um diálogo tanto misterioso para quem acredita não ter tido nunca essa experiência quanto familiar para quem já aprendeu a imergir nele com a espontaneidade do coração e a coragem da inteligência. As páginas deste livro querem ser um humilde e, assim esperamos, útil instrumento de iniciação a uma arte pela qual hoje, talvez mais do que em outros tempos, existem uma profunda saudade e um interesse renovado.

Quando é compreendida e vivida pelo que deve ser, a oração é a derradeira liberdade que o coração humano deseja. Parar e dedicar um tempo para sintonizar-mo-nos com o sentido mais profundo da nossa vida é o gesto mais livre e necessário que podemos realizar. A oração é a única coisa de que se tem realmente necessidade, mas deve ser uma experiência absolutamente gratuita, livre de qualquer constrangimento. A parte mais bonita da vida, à qual ninguém pode constranger-nos, da qual ninguém nos pode separar.

1
Só para começar

Partir do zero

Nos séculos que precederam e definiram o tempo em que vivemos, as coisas eram muito simples e, aparentemente, bastante claras e definidas. De manhã e de noite, eram recitadas as orações, aos domingos e nas solenidades se ia à missa e, de vez em quando, em alguns períodos do ano, eram realizadas também preces especiais como o rosário, a via-sacra e, querendo exagerar, também a adoração eucarística. A isso se acrescentavam novenas, procissões, peregrinações e muitas outras iniciativas com fins de reavivar o sentido cristão da vida. Era assim organizado o velho continente, berço daquele cristianismo que, por dois mil anos, acompanhou e marcou a vida do mundo por meio da luz do Evangelho de Cristo.

Naquele contexto, todos, de algum modo, referiam-se a Deus em meio às suas atividades. Não só quem parava de vez em quando para orar, mas também quem escrevia livros, quem refletia sobre a realidade ou quem governava a vida pública não podia elaborar um discurso em que Deus estivesse totalmente ausente. Não nos é necessário, nem possível, reconhecer se essa realidade era autêntica ou então algo que as pessoas viviam de maneira forçada, como uma moldura cultural da qual é impossível fugir. Certamente, aquele mundo, onde a oração era uma das atividades cotidianas que homens e mulheres realizavam sem se questionar muito, não existe mais já faz tempo.

O vazio criado pelo progressivo desaparecimento da oração na rotina cotidiana foi gradualmente preenchido por novas atividades com as quais as pessoas se dedicam ao autocuidado. É debaixo dos olhos de todos que, nas grandes e pequenas cidades, uma parte importante das horas da manhã e da noite é empregada para desenvolver atividades físicas ou esportivas, realizar cursos de yoga ou exercícios de *mindfulness*, aperfeiçoar alguma atividade criativa ou artística, participar de cursos de formação úteis para melhorar a qualidade da própria vida ou do próprio trabalho. Depois, quando a mente fica demasiadamente cansada por causa de uma vida muito livre mas também muito mais frenética do que antes, certamente não é o padre a pessoa a quem se faz referência. Terapeutas e conselheiros são os novos guias em que se confia num tempo no qual a dimensão psicológica assumiu um papel imprescindível na sensibilidade geral.

Dentro da Igreja e das grandes tradições religiosas, fala-se de tudo isso como se fosse uma crise espiritual sem precedentes, oscilando entre sentimentos de desconforto e de resignação. Talvez exista a possibilidade de interpretar esse momento não só como alguma coisa de negativo, mas também como uma grande oportunidade na qual quem deseja oferecer à oração a oportunidade de encontrar um lugar na própria vida pode fazê-lo com uma grande liberdade, começando do zero.

A possibilidade de recomeçar de uma nova base, livre de exageros e esquematizações, concerne igualmente a uma outra dimensão específica da oração, que poderíamos definir como a capacidade de elaborar e conferir o sentido profundo – espiritual – às coisas que se vivem. Quando a sociedade era toda ordenada em torno da reflexão cristã sobre a realidade, não havia necessidade de pensar se uma coisa era certa ou errada, se uma oportunidade deveria ser aceita ou rejeitada: era suficiente confiar na moral dominante, pela qual as pessoas se orientavam comodamente na maior parte dos casos. Esse modo de proceder, fundado sobre um saber já constituído, era muito tranquilizador, pois permitia não precisar, a todo instante, interrogar-se diante das situações. É a parte boa e útil de tudo o que, com o tempo, se transforma em cultura e se transmite como sabedoria de vida.

Na época pós-moderna em que nos encontramos, essa grade de referência não existe mais. A realidade é livre para manifestar-se em toda a sua complexidade, líquida e matizada, impedindo-nos de distinguir imediatamente a cor e a bondade das coisas que nos acontecem. O desenvolvimento dos instrumentos tecnológicos, a rapidez dos deslocamentos e das transformações culturais lançaram à terra os pedaços de um quebra-cabeça que, por séculos, garantira um quadro para o qual se podia olhar a fim de atribuir às coisas um valor certo e compartilhado.

Agora que as coisas não parecem mais ter um significado unívoco, encontramo-nos diante de uma tarefa nova e estimulante, que tem a necessidade daquela inteligência particular que pode nascer da oração. Trata-se de aproximar-se humildemente da realidade para investigar o seu significado mais profundo, permitindo à revelação de Deus em Cristo iluminar a nossa capacidade de ler e interpretar cada situação na prospectiva de um amor maior. Orar, de fato, não significa somente dialogar com Deus, mas confrontar-se com o seu modo de valorizar e pensar as coisas. A oração não pode ser concebida somente como um fluxo de sensações ou de informações entre o céu e a terra. Quando se ora de maneira autêntica, é impossível não entrar num radical, às vezes dramático, espaço de discernimento que nos constrange a rever o nosso modo de pensar sobre Deus, sobre nós mesmos, sobre os outros e sobre a realidade que nos circunda.

Esse, ao menos, é o sentido da oração cristã, sobre o qual tentamos dizer algo nestas páginas, conscientes de que, em um assunto tão delicado e complexo, não existem nem conselhos universais, nem improvisações fáceis. Qualquer um que queira tentar introduzir-se no mistério da oração filial, aquela que o Senhor Jesus ensinou com a sua vida e, depois, tornou acessível a todos mediante o dom do seu Espírito derramado sobre nossa humanidade, deve preparar-se para um longo e árduo período de formação. Dois são os grandes banhos de verdade a que se necessita estar disposto.

O primeiro é aquele que vai à profundeza de nosso coração. São Pedro descreve essa misteriosa intimidade por meio de uma singular expressão, que certamente alude a sua experiência pessoal: "mas o que está no íntimo do coração" (1Pd 3,4). Para poder maturar a imagem de nós mesmos, que o nosso coração conhece e guarda, é necessário estarmos dispostos a admitir a verdade daquilo que somos, afastando-nos progressivamente do ideal daquilo que desejaríamos ser. O itinerário percorrido por Pedro é o destino a que cada caminho de oração orienta quem se dedica com sinceridade e fidelidade. Quanto mais nos imergimos na oração, mais devemos estar dispostos a reconhecer as nossas luzes e as nossas sombras, deixando em suspensão todo juízo fácil.

O segundo banho de verdade em que nos imerge a oração concerne, porém, à identidade de Deus. Embora contemplar a face do Onipotente seja um dos desejos mais radicados no ânimo humano, precisa estar disposto a aceitar que a sua imagem pode revelar-se muito diferente das nossas expectativas: menos hostil do que tememos, mas também menos potente em respeito àquilo que ingenuamente pensamos.

O aspecto mais sublime e traumático dessas duas imersões é representado pelo fato de que o orante, avançando na penumbra do seu itinerário de oração, descobrirá que não é possível separar a imagem de Deus daquela de nossa humanidade. Essa, no fundo, é a grande verdade a que a oração, lentamente, nos conduz: descobrir e aceitar que a relação entre nós e Deus, por mais ferida e negligenciada, é viva e real. Nos *Fioretti*, narra-se que Francisco de Assis, no Monte Alverne, antes de receber o selo dos estigmas, estava há muito tempo rezando com estas palavras: "*Quem és tu*, dulcíssimo Deus meu? *O que sou eu*, vilíssimo verme e inútil servo teu?"

Começar do coração

Costumeiramente, quando alguém se coloca em oração o faz iniciando da boca, dos olhos e das orelhas. Há alguns que iniciam recitando fórmulas, palavras, versículos encontrados na santa Escritura, em antologias de oração ou em livros de devoção. Outros, porém, tentam espiar, ler, vasculhar textos de meditação de natureza vária: comentários sobre a Palavra, reflexões espirituais, imagens sacras. Para muitos, é mais feliz e cômodo colocar foninhos e escutar podcast, vídeos, gravações em que se fala de Deus de maneira leve, tocante e convincente. São todos pontos de partida úteis e inteligentes, de onde não podemos deixar de partir para introduzirmo-nos num espaço que sentimos não conhecer ainda, mesmo imaginando-o como um lugar onde poderíamos nos sentir muito à vontade.

Se acolhemos a Revelação atestada pelas Escrituras, descobrimos que o órgão preposto para a atividade da oração se chama, na verdade, "coração". Esse termo indica hoje algo bastante diferente em respeito ao que a tradição bíblica e, mais geralmente, todas as culturas e as religiões antigas afirmam. Para nós, o coração coincide ou com a inteligência discursiva a que estamos acostumados a dar o nome de "razão", ou ainda com a parte mais imediata e superficial da dimensão afetiva que chamamos "sentimento" ou "emoção". De acordo com a Escritura Sagrada, o coração se encontra num nível mais profundo dessas duas indispensáveis e parciais faculdades com as quais estamos acostumados a medir e avaliar a realidade das coisas. Os autores espirituais, os santos, os místicos falam do coração como um ponto mais profundo e secreto de nós mesmos ou, inversamente, um ponto mais alto da nossa personalidade, o vértice do nosso ser criaturas à imagem e à semelhança de Deus.

Quando estamos imersos em nossas preocupações, ficamos todos, na maior parte, inconscientes de ter uma tal fonte interior. Também se nos agrada conceber-nos como pessoas espirituais e profundas, vivemos o nosso tempo atrelados a um dinamismo psicossomático que nos deixa à mercê – com frequência reféns – dos nossos sentidos mais exteriores. Oscilamos continuamente entre raciocínios de que estamos convencidos e sentimentos que valorizamos como autênticos e imprescindíveis. Enquanto isso, o coração, com a sua capacidade de compreender as coisas em um nível mais profundo, tira uma soneca, dorme de olhos abertos, à espera de que encontremos o modo de reunirmo-nos à sua sensibilidade ferida, mas viva.

Por sorte – na verdade, graças a Deus –, desde o dia do nosso batismo, o nosso coração vive já imerso num incessante estado de oração. Embora disso não nos apercebamos, aquele Espírito Santo que foi derramado em nós, no momento em que a nossa vida foi enxertada na vida de Cristo, tomou docemente posse do nosso coração, tornando-se o respiro de nosso respiro. É ele o autor incansável de uma oração então silenciosamente em ação, como diz São Paulo:

> Também o Espírito vem em auxílio de nossa fraqueza, porque não sabemos pedir o que nos convém. O próprio Espírito é que intercede por nós com gemidos inefáveis. E aquele que esquadrinha os corações sabe qual é o desejo do Espírito, porque ele intercede pelos santos segundo Deus (Rm 8,26-27).

Toda iniciação à oração não tem por objetivo outra coisa senão nos ajudar a tomar consciência dessa linfa vital, fazendo-nos experimentar o dom que recebemos, do qual precisamos nos tornar responsáveis e partícipes.

Para permitir a essa oração já presente em nós o florescer até a superfície da consciência, pulverizando todas as nossas faculdades e fazendo vibrar o corpo ao ritmo dos seus desejos, devemos, acima de tudo, entender melhor o que é o coração e quais dificuldades se põem para nós no alcançar as suas misteriosas profundidades.

Lendo os salmos da Bíblia, descobrimos que o coração é aquela área de fronteira entre nós e Deus onde temos a possibilidade de sermos percebidos por aquilo que somos: "Senhor, tu me sondaste e me conheces e: sabes quando me sento e quando me levanto... Sonda-me, ó Deus, e conhece meu coração! Examina-me, e conhece minhas preocupações!" (Sl 139,1-2.23). É a sede em que se repousa o nosso desejo profundo, que Deus não vê a hora de poder satisfazer (cf. Sl 21,2-3).

É a fonte de todos os atos nos quais nós temos a possibilidade de manifestarmo-nos como pessoas. O coração, porém, tem necessidade de ser "circunciso", cortado e entregue a seu destino de amor: "O Senhor teu Deus circuncidará teu coração e o coração de teus descendentes a, para amares ao Senhor teu Deus de todo o coração e com toda a alma e para que vivas" (Dt 30,6). Realmente, nós também podemos nos separar dessa identidade profunda, escorregando na hipocrisia, como os profetas assinalavam aos nossos pais nos tempos antigos: "Porque este povo se aproxima apenas com sua boca e louva-me apenas com seus lábios, enquanto seu coração está longe de mim" (Is 29,13). Nesse distanciamento de Deus, o coração se endurece, até se tornar insensível, de pedra. Resta esperar por um processo de cura que o faça voltar a bater no ritmo do amor.

> Derramarei sobre vós água pura e sereis purificados. Eu vos purificarei de todas as impurezas e de todos os ídolos. Eu vos darei um coração novo e porei em vós um espírito novo. Removerei de vosso corpo o coração de pedra e vos darei um coração de carne. Porei em vós o meu espírito (Ez 36,25-27).

A vinda de Cristo na carne de nossa humanidade nos restituiu a esperança de que neste lugar ninguém deve mais sentir-se incomodado pelo sentimento de culpa.

> É assim que conheceremos que somos da verdade, e diante dele tranquilizaremos o nosso coração. Pois se o nosso coração nos acusa, maior do que o nosso coração é Deus que sabe tudo. Caríssimos, se o coração não nos acusa, temos confiança em Deus (1Jo 3,19-21).

O esforço maior na oração, depois que Deus se revelou para o homem como amor radical, não consiste mais no subir a um nível alto e ideal para poder encontrá-lo, mas, sim, no aceitar partir e partir novamente sempre do ponto real em que a nossa vida se encontra. Um ensinamento presente na Lei, retomado várias vezes por Jesus, diz: "Amarás o SENHOR teu Deus com todo o coração, com toda a alma, com todas as forças" (Dt 6,5). Segundo uma diferente e possível tradução do texto, o mandamento poderia ressoar assim: "Amarás o Senhor, teu Deus, *em* todo o coração, *em* toda a sua alma e *em* todas as forças". A diferença, sutil, gera um novo significado. A relação de amor com Deus, que se aprofunda também por meio da oração, não é concedida somente quando todo o nosso coração é puro e voltado a Ele. Em suas contradições e em suas sombras, o coração é e continua a ser o único espaço de intimidade possível entre nós e Deus.

Se nos fosse permitido criar uma imagem, talvez um pouco ousada, poderíamos definir o coração como um "banco" colocado nas profundezas do nosso ser sobre o qual sabemos que podemos sempre sentar, a fim de descobrir a nosso lado a presença invisível e respeitosa de um Deus jamais distante ou estranho ao mistério da nossa vida. Disso estamos certos, já que Deus, na cruz de Jesus, nos mostrou como a nossa treva não pode jamais tornar escuridão a luz de respeito e de misericórdia que Ele acendeu em nós.

Encaminhar-se e descer até o coração é, pois, o fim último de cada caminho e de qualquer técnica de oração. O que está em jogo é valorosíssimo e não convém ter pressa alguma de ver resultados fáceis e imediatos. Trata-se de entrar num grande combate para tentar vencer a batalha mais crucial, aquela contra o nosso hábito de nos considerarmos pobres e sós, quando nos sabemos agora imersos em um mistério de comunhão de amor.

> Ao vencedor darei do maná escondido e lhe darei uma pedrinha branca na qual está escrito um nome novo que ninguém conhece, senão aquele que o recebe (Ap 2,17).

Descobrir quem somos aos olhos de Deus e tornarmo-nos felizes intérpretes dessa inesperada condição é o ponto final a que nos quer conduzir o caminho da oração.

Definir algumas regras

Se queremos introduzir-nos na arte da oração, o primeiro passo a ser dado é despertar o coração. Para tanto, não é preciso elevar forçadamente o nível de nossos pensamentos, ou espremer o pano sempre úmido dos sentimentos a fim de fazer cair alguma gota de emoção. Se assim fizéssemos, cairíamos facilmente em distrações irritantes ou em sentimentalismos errôneos. O fruto espiritual da oração não deve ser forçadamente produzido, mas recebido como uma linfa que escorre dentro de nós e é capaz de intensificar os pensamentos e os sentimentos que provamos, orientando-os a Deus.

A oração não é uma questão de técnicas ou de tutoriais a serem seguidos. É o encontro delicado e íntimo entre a voz da nossa alma e o coração misericordioso de Deus. Como qualquer encontro que se preze, também o que acontece na oração precisa não apenas ser fortemente desejado, mas também adequadamente preparado. Quando duas ou mais pessoas dedicam tempo para conversas e se conhecerem, sempre há custos, complexidades, imprevistos aos quais é bom estarem atentas, para não se desanimarem muito rapidamente.

Por exemplo, quando começamos a orar, a primeira coisa que merece ser definida é fixar *um tempo* apropriado e possível para poder realizá-la todos os dias. É necessário estabelecer o momento preciso para dedicar à oração, com a mesma constância e fidelidade com a qual todos os dias vamos ao trabalho não importando o cansaço, o mal-estar ou as dificuldades imprevistas. Os nossos dias começam com uma série de pequenas rotinas a que somos rigorosamente fiéis: lavar o rosto, escovar os dentes, desjejum, uma olhada ainda sonolenta sobre as notícias do dia, a leitura das mensagens no celular. A oração merece intrometer-se com todo direito nessa rotina doméstica, como uma necessidade cotidiana a que não podemos renunciar por nenhum motivo no mundo.

Por isso, quando escolhemos a oração, devemos estar muito determinados e definir em qual momento do dia, para nós, pode ser mais fácil viver o encontro com o Senhor. Para alguns é preferível de manhã bem cedo, logo que se levantam, quando a mente está mais livre e menos sobrecarregada da vivência do dia. Outros, porém, conseguem concentrar-se majoritariamente tarde da noite, quando a escuridão e o silêncio contribuem para criar um certo clima de meditação e de paz. Entre os dois momentos, talvez, aquele da manhã apresenta as maiores vantagens, sobretudo avaliando as coisas em uma prospectiva de médio-longo prazo. O período da noite, de fato, não é garantido, pois nos pode acontecer de participar de um jantar ou um evento, de estar em companhia de amigos, de assistir a um filme, e depois de chegarmos cansados na hora de dormir, sem mais ter as condições interiores de calma de que a oração necessita para se realizar. Ao contrário, a manhã é um período mais seguro para despertar o coração e sintonizar-se com o espírito que nele habita. Não só porque, durante a manhã, estamos mais frescos e descansados, mas também porque ninguém nos pode proibir de antecipar o despertador alguns minutos e consagrar as primícias do dia ao gesto precioso da oração. Também Jesus parecia ter uma preferência para esse momento do dia: "No outro dia, muito antes do amanhecer, ele se levantou, saiu para um lugar deserto e se pôs em oração" (Mc 1,35).

A atitude do Mestre, que se afasta para pôr-se em oração, recorda-nos o quanto é fundamental também a escolha do *lugar*. Se quisermos orar em casa, é útil "retirarmo-nos" para um canto onde as distrações sejam reduzidas ao mínimo, num lugar mínima e decorosamente mobiliado, por exemplo, onde mantemos a Bíblia, um ícone sagrado ou um crucifixo. É importante que tal ambiente seja, o mais possível, tranquilo e silencioso. Temos já um enorme estrondo interior para silenciar; se, depois, se acrescentam ainda os barulhos externos, dificilmente será possível distinguir o sussurro de Deus em nossa alma. Querendo ser pragmáticos e realistas, sobretudo quando se está ao início de um itinerário de oração, não se deve descurar da possibilidade de ir orar em um lugar diferente daquele em que vivemos: uma igreja próxima de nossa habitação ou do local de trabalho, um jardim ou um parque que se encontra ao lado da estrada que todos os dias percorremos. Recordemos, a tal propósito, a dramática experiência de Elias, o profeta. Obrigado pela rainha fenícia Jezabel a fugir para o deserto, depois de ter – literalmente – "acabado" com todos os profetas de Baal por ela introduzidos em Israel, Elias deve perfazer um longo caminho antes de chegar ao encontro com Deus sobre o Monte Horeb. Ali, dentro de uma caverna onde encontra repouso e proteção, o profeta não pode chegar à presença do Senhor antes que todos os seus sentidos e os seus fantasmas sejam definitivamente abrandados.

> O SENHOR respondeu: "Sai e põe-te de pé no monte, diante do SENHOR! Eis que ele vai passar". Houve então um grande furacão, tão violento que rasgava os montes e despedaçava os rochedos diante do SENHOR, mas o SENHOR não estava no vento. Depois do vento houve um terremoto, mas o SENHOR não estava no terremoto. Depois do terremoto houve fogo, mas o SENHOR não estava no fogo. Finalmente, passado o fogo, percebeu-se o sussurro de uma brisa suave e amena (1Rs 19,11-12).

Antes de nos oferecer consolações e iluminações particulares, os tempos e os lugares da oração nos servem para purificar cada ingênua e imaginária presença de Deus, a fim de poder finalmente encontrá-lo onde e como Ele realmente está e é.

A *posição do corpo* é um outro aspecto importante a ser definido, porque também a dimensão física da pessoa é chamada a participar na oração. É bom, portanto, encontrar uma postura não demasiadamente confortável para evitar pegar no sono, nem demasiadamente incômoda para não correr o risco de perder a concentração. Poder-se-ia, por exemplo, entrar em oração colocando-se por alguns minutos de joelhos, com o fito de tomar consciência de estar na presença do Senhor. Então se pode invocar o Espírito Santo, que, como vimos, é o verdadeiro motor – contudo já acionado – da nossa oração. Para o tempo restante, convém viver o tempo da oração naquela posição em que possamos ficar tranquilos, sem demasiados movimentos, tanto o quanto possível combatendo a preguiça, o primeiro inimigo de toda autêntica oração. A reflexão sapiencial da Escritura conserva ensinamentos muito lúcidos a esse respeito.

> Vai ver a formiga, ó preguiçoso, observa seu proceder e torna-te sábio! Ela, que não tem chefe, nem fiscal, nem soberano, no verão prepara seu alimento, ajunta sua comida no tempo da colheita. Até quando dormirás, ó preguiçoso, quando te levantarás do teu sono? Um pouco dormir, outro pouco cochilar, e, mais um pouco, cruzar as mãos para descansar, e tua miséria virá como um andarilho e tua indigência, qual homem armado (Pr 6,6-11).

Essas atitudes "preliminares", necessárias a uma oração que queira ser ocasional, mas fiel e perseverante, são indispensáveis para construir em nós duas tendências. A primeira é aquela da vigilância. Diz um salmo:

> Ó Deus, tu és meu Deus; a ti procuro,
> minha alma tem sede de ti;
> todo o meu ser anseia por ti,
> como a terra ressequida, esgotada, sem água.
> [...] quando em meu leito me recordo de ti,
> em ti medito durante as horas de vigília.
> Pois foste o meu socorro,
> e à sombra de tuas asas eu canto de alegria.
> Tenho a alma apegada a ti,
> tua mão direita me sustenta (Sl 63,2.7-9).

A vigília é a atitude típica de qualquer um que fique desperto por causa de uma razão considerada importante. Para um cristão, ciente da vinda e do retorno de Cristo, vigiar não significa outra coisa que habitar o tempo de cada dia como uma incessante preparação para o encontro com Deus hoje conhecido como amigo e esposo. Um grande monge místico, que viveu no século passado, sintetizou a sua vida de oração com estas palavras de fogo: "Exilados, nas profundezas da solidão, vivendo como quem escuta, sentinelas nas fronteiras do mundo, aguardamos o regresso de Cristo" (Thomas Merton). Quando oramos, transferimo-nos para um tempo em que nos abstemos de fazer outras coisas importantes, a fim de tentar mastigar uma comida que não conhecemos, mas que pode nutrir a nossa alma. Viver em estado de vigília significa ter nos confrontos do tempo uma relação reconciliada, bendita, resolvida. Enquanto corrermos em mil direções, usarmos o tempo para fazer dez mil coisas e não encontrarmos jamais o momento e o lugar para parar e escutar, a nossa oração não poderá começar.

A segunda tendência pela qual vive a oração é a gratuidade. A imagem bíblica a que se pode fitar é aquela do patriarca Noé, que, num tempo obscuro e privado de fáceis soluções, adverte a necessidade de fazer um gesto decididamente contracorrente: construir uma arca para oferecer à própria vida, àquela dos seus queridos e àquela do cosmo um verdadeiro e próprio espaço de salvação da ameaça de um possível dilúvio. Noé completa um trabalho antecipado, preparando um futuro que ainda não se vislumbra, mas que o coração intui como iminente. A oração tem todas essas características: é um trabalho humilde, cansativo e revolucionário, que devemos ter a paciência de cumprir com fidelidade, não a fim de obter resultados visíveis e imediatos, mas de construir uma habitação para Deus neste mundo, principalmente em nós mesmo. São Francisco costumava exortar os seus frades à oração com estas palavras:

> façamos sempre uma habitação e um lugar de repouso para Ele que é o Senhor Deus onipotente, Pai e Filho e Espírito Santo (cf. Mt 28,19), que disse: "Vigiai, pois, orando em todo tempo" (*Fragmentos da Regra não bulada*, I, 14).

Colocar-se em escuta

Uma vez esclarecidas as regras do jogo, inicia-se a parte mais bonita e desafiadora do caminho da oração. É necessário iniciar a aplicá-las, sem ceder aos otimismos fáceis quando houver momentos de consolação e sem perder a coragem nos tempos de prolongada aridez, jamais ausentes em cada percurso humano. A última coisa para esclarecer nos confrontos sobre o que é lícito esperar da experiência da oração diz respeito ao tipo de escuta que nela acontece. A partir do momento que estamos todos muito centrados e concentrados em nós mesmos e que, quando iniciamos a orar, temos a impressão de fazer algo, poderíamos ter a ideia de que quem fala somos nós e quem escuta é Deus. Esse é o imaginário predominante sobre o que é a oração: um diálogo com Deus em que a maior parte é feita pelo que nós podemos e devemos dizer-lhe. Por sorte, as coisas se dão exatamente ao contrário. Jesus foi quem esclareceu isso no Evangelho de maneira inequívoca:

> E nas orações não faleis muitas palavras, como os pagãos. Eles pensam que serão ouvidos por causa das muitas palavras. Não os imiteis, pois o Pai já sabe de vossas necessidades antes mesmo de pedirdes (Mt 6,7-8).

A admoestação com a qual Jesus introduz a oração do Pai Nosso é claríssima: Deus não tem necessidade alguma de que lhe apontemos nossas urgências, porque Ele já as conhece muito bem. Surge então uma interrogação: por que orar?

Já no Antigo Testamento, Deus havia sugerido qual é a primeira e fundamental atitude a ser assumida quando estamos diante dele: "Ouve, Israel" (Dt 6,4). Quando nos colocamos em oração, não é exatamente Deus que nos deve ouvir. Pelo contrário, somos nós a poder ouvir aquilo que Deus, no mistério do seu ser e do seu querer, desejará nos revelar. Emerge assim o paradoxo de toda forma de oração cristã: nós lemos ou pronunciamos palavras com o objetivo de escutar mais atentamente aquela voz de Deus que habita já também dentro de nós.

Uma vez esclarecido e aceito esse mistério, onde as partes são trocadas, aliviando-nos do grande ônus de termos que nos exprimir corretamente diante de Deus, iniciam-se maravilhosas surpresas. O Profeta Isaías está convencido de que, se permitimos a Deus dirigir-nos a sua palavra, o resultado é mais do que garantido:

> Como a chuva e a neve descem do céu e para lá não voltam, mas regam a terra para ela ficar fértil e produtiva, para dar semente ao semeador e pão para comer, assim acontece com a palavra que sai de minha boca: não volta para mim vazia, sem ter realizado a minha vontade, sem ter cumprido a sua missão (Is 55,10-11).

Por que Deus está tão convencido de que a sua palavra é capaz de cumprir o que Ele deseja? A história humana não é suficientemente cheia de evidências contrárias, visto que os seres humanos parecem tão distantes do comportamento justo, fraterno, solidário? Talvez Deus tenha simplesmente uma grande confiança na sua capacidade de comunicar bem aquilo que lhe está no coração?

A explicação que Jesus oferece da famosa parábola do semeador nos obriga a reconhecer que, por trás desse grande otimismo, não se esconde só uma confiança de Deus em si mesmo, mas também em nós e na nossa capacidade de ouvir.

> Quando alguém ouve a palavra do Reino e não a entende, chega o maligno e arranca o que lhe foi semeado no coração: é o que foi semeado junto ao caminho. O que foi semeado em terreno pedregoso é aquele que ouve a palavra e logo a recebe com alegria; mas não tem raízes; é inconstante: surgindo uma tribulação ou perseguição por causa da palavra, logo fraqueja. O que foi semeado entre espinhos representa quem ouve a palavra, mas as preocupações do mundo e a sedução das riquezas a sufocam e tornam estéril. O que foi semeado em terra boa é quem ouve a palavra e a entende e dá frutos: uns cem, outros sessenta, outros trinta (Mt 13,19-23).

Jesus explica que, quando Deus fala, nos acontecem costumeiramente três coisas. Aliás, quatro. A primeira é que não compreendemos e, por conseguinte, não conseguimos conter a sua palavra. A segunda é que nos firmamos nas emoções que provamos e, quando paramos de senti-las, parece-nos que tudo acabou. A terceira eventualidade é que somos tentados a fechar-nos no nosso egoísmo e no bem-estar próprio quando a Palavra de Deus começa a fazer em nós alguns frutos. Não entender, não sentir, não conseguir amar: quando essas coisas nos acontecem, em geral, nós nos sentimos errados e nos fechamos na tristeza e no sentimento de culpa. O Evangelho, por outro lado, diz-nos que essas três coisas acontecem exatamente porque Deus está falando conosco e nós o estamos ouvindo.

Trata-se de uma revelação enorme, que deveríamos considerar seriamente. Se ouvir a Palavra de Deus significa experimentar a nossa incapacidade – provisória – de corresponder, talvez estejamos já imersos no mistério da oração sem ao menos estarmos cientes disso. Essa é uma excelente notícia, a qual alarga repentina e definitivamente os horizontes dessa arte espiritual tão difícil e, mesmo assim, tão natural. Talvez era exatamente esse o objetivo último da parábola de Jesus, em que, por fim, se menciona uma quarta e última situação que ocorre ouvindo a Palavra. Aludindo ao bom terreno, Jesus parece dizer que, apesar das dificuldades, nós somos um terreno capaz de gerar um grande fruto de uma ampliação livre e feliz da nossa humanidade. É esse o fim a que a oração quer conduzir-nos: ouvir tanto e tão bem a voz de Deus a ponto de descobrir que o fruto mais maduro da nossa vida não é algo que devemos laboriosamente conquistar ou defender. É um dom que amadurece no silêncio e no tempo, generosa e obstinadamente. Devemos apenas acolhê-lo e guardá-lo, com todo o coração. Conhecer e assumir esse destino é aprender a orar.

2
Descobrir-se habitado

Acolher

Se o fim da oração consiste em permitir ao nosso coração ouvir a Palavra de Deus, com o fito de poder depois (cor)responder, existe uma experiência a ser observada para entender melhor como é possível tornar-se protagonista desse diálogo místico. É o caso de Maria de Nazaré, a quem o Todo-poderoso se aproxima com delicada discrição, mas também com grande decisão, quando pretende revelar ao mundo o seu plano universal de salvação. A passagem da Anunciação, representada com diversas nuances por artistas ao longo dos séculos, é um verdadeiro e próprio paradigma capaz de mostrar no que consiste um modo inteligente e livre de estar em oração diante daquele Deus desejoso de falar ao coração da nossa humanidade.

> No sexto mês, o anjo Gabriel foi enviado da parte de Deus para uma cidade da Galiléia, chamada Nazaré, a uma virgem, prometida em casamento a um homem, chamado José, da casa de Davi (Lc 1,26-27).

A situação de Maria é já muito bem definida. Vive em Nazaré, uma cidadezinha como tantas outras, situada no norte de Israel. Foi prometida como esposa a um homem pertencente à prestigiosa casa de Davi, cujo nome é José. Mesmo sendo jovem, a sua existência é um livro já parcialmente escrito, assinalado e orientado por escolhas que outros tomaram por ela. Exatamente sobre essa terra cai a semente da Palavra de Deus.

Essa nota nos fornece uma preciosa indicação para quando estivermos prontos para viver uma ocasião de oração. Como já dissemos, é necessário preparar o momento do encontro com o Senhor, liberando o tempo e o espaço de tudo aquilo que possa colocar obstáculo ao ouvir atento do coração. Todavia não serve, ou melhor, é impossível eliminar as nossas coordenadas existenciais, que frequentemente percebemos como um esforço ou um barulho de fundo que nos impede de orar. Trata-se de um mal-entendido que merece ser esclarecido adequadamente. É natural que quando começamos a orar, nos primeiros minutos em que tentamos fazer silêncio, a nossa vida com todos os seus problemas e as suas perguntas abertas nos persiga ansiosamente, dando-nos a impressão de estarmos distraídos ou sermos superficiais. Acontecer essa experiência é perfeitamente normal, porque a oração tem necessidade de cumprir-se propriamente ali onde existencialmente nos encontramos. Na nossa história e na nossa condição: eis onde Deus pretender fazer ressoar a sua voz.

Maria é depois descrita como uma virgem. Com esse adjetivo não se define só a sua condição biológica, mas também a sua atitude interior. A virgindade não denota unicamente aquele selo inicial que se rompe – ou se desperdiça – no curso da vida, mas também aquela profundidade onde nós seguimos capazes de (ouvir a voz de) Deus, apesar das feridas e das falhas que podemos ter acumulado. É a parte de nós em que a semente de Deus, isto é, a sua palavra, não pôde ainda – mas poderá – encontrar uma habitação aconchegante e um acolhimento feliz. De fato, ser virgem não significa apenas ser ilibado, mas sobretudo descobrir--se pronto a conceber uma nova vida. A virgindade é uma abertura do coração que temos a responsabilidade de guardar e construir sempre.

Uma grande mística, que viveu século passado, comentando a oração do Pai Nosso, dizia que, quando oramos, devemos

> aceitar que o futuro ainda seja virgem e intacto, rigorosamente ligado ao passado por vínculos que ignoramos, mas completamente livre dos vínculos que a nossa imaginação crê poder lhe impor. Aceitar a possibilidade que ele chegue, e em particular que ele chegue para nós, pouco importam as circunstâncias, e que o dia de amanhã faça da nossa vida passada uma coisa estéril e vã (Simone Weil, *Espera de Deus*, p. 187).

A oração tem a necessidade de um coração virgem, livre de todos os condicionamentos do passado e aberto às novidades do futuro. Um coração disposto, no presente, a deixar-se penetrar e abrir. Essa é a maturidade exigida da oração: uma disponibilidade, confiante, mas não ingênua, de deixar-nos "romper" pela potência de Deus em vista de um incremento de vida, que a sua providência é capaz de fazer brotar em nós, na medida em que estamos disponíveis a acolhê-la.

Entrando onde ela estava[...] (Lc 1,28).

A tradição iconográfica desse episódio nos faz imaginar imediatamente a entrada do anjo na casa de Maria, totalmente decidida a meditar nas promessas de Deus a Israel. Todavia, é útil saber que, segundo as atestações de alguns evangelhos apócrifos (Protoevangelho de Tiago, Evangelho do Pseudo-Mateus), antes da anunciação na casa, teria acontecido uma no poço, onde Maria se encontrava enchendo um cântaro de água. Mais do que um evento pontual e circunscrito, poder-se-ia então pensar sobre a anunciação como um lento e gradual processo de abertura à Palavra de Deus, que a Virgem teria vivido no tempo de seu noivado com José. Essa hipótese seria confirmada também pelo modo em que o evangelista descreve a aproximação do anjo a Maria: "*Entrando na direção* dela". Lucas utiliza um verbo (*eiserchomai*) que, em grego, significa "mover-se, adentrar um espaço ou ao interior de uma condição". A tarefa do anjo, pois, não parece ser apenas aquela de conduzir-se para dentro de um lugar físico, mas de ingressar no coração de Maria, sem forçar de algum modo as portas da sua disponibilidade. Isso, com efeito, é o que deve ser cumprido em cada momento de oração: a Palavra de Deus, trazida pelo anjo, necessita entrar nas profundezas de nós mesmos, naquele lugar onde o diálogo com Deus pode desenvolver-se em uma atmosfera de recíproca liberdade.

Essa fase da oração é talvez uma das mais delicadas de todo o itinerário. Quando desconsiderado, o processo de assimilação da palavra que Deus nos quer comunicar fica comprometido e a oração corre o risco de não se cumprir. A entrada do Verbo de Deus em nós é um evento maravilhoso, mas também traumático, comparável ao momento em que uma agulha ou uma lâmina fende a nossa pele, causando aflição e dor. Assim o imagina o autor da Epístola aos Hebreus, quando procura descrever o efeito que a Palavra de Deus produz na carne do nosso coração.

> Porque a palavra de Deus é viva, eficaz e mais cortante do que uma espada de dois gumes. Penetra até dividir a alma e o espírito, as juntas e a medula. É capaz de julgar os pensamentos e as intenções do coração. E não há coisa criada que fique oculta à sua presença. Ao contrário, todas estão nuas e manifestas aos olhos daquele a quem devemos prestar contas (Hb 4,12-13).

A Palavra de Deus age em nós à semelhança de uma espada, cortante, penetrante, capaz de chegar à alma, no centro de nós mesmos, lá onde todas as nossas articulações físicas e psicológicas conseguem estar juntas num frágil, mas possível, equilíbrio. Esse lugar tão íntimo e, frequentemente, tão estranho também à nossa consciência é exatamente o nosso coração, onde a nossa verdadeira identidade aos olhos de Deus é nua e perfeitamente reconhecível. Em nós há uma resistência a nos deixarmos encontrar exatamente nesse lugar, porque intuímos que o equilíbrio existencial ao qual estamos habituados e adaptados poderia ser colocado em discussão. Herdando de Adão o instinto de escondimento, a primeira grande dificuldade que enfrentamos na oração é aquela de permitir a Deus posar o seu olhar sobre a nossa nudez. Tememos esse evento porque pode fazer ruir de repente todas as certezas e nos fazer perder o controle da nossa vida. Ao mesmo tempo, desejamos esse encontro fortemente, porque intuímos bem que só dentro de um olhar que venha do alto saberemos finalmente reconhecer a nossa vida sob uma outra luz, aquela capaz de fazer novas todas as coisas, até as páginas de nossa vida.

Deixar-se dizer

Uma vez acolhida a novidade de uma palavra que de fora tem a pretensão de poder alcançar-nos no profundo do coração, a aventura da oração se desenvolve numa dinâmica do ouvir. Não faltam também, nesse caso, armadilhas e dificuldades, porque se trata de permitir uma voz externa – talvez até pareça também um pouco estranha – de desvelar traços da nossa personalidade de que não estamos ainda plenamente cientes.

> "Alegra-te, cheia de graça, o Senhor está contigo!" Ao ouvir as palavras, ela se perturbou e refletia no que poderia significar a saudação. (Lc 1,28-29).

A anunciação a Maria inicia com um imperativo tanto belo quanto paradoxal. Se a alegria é a condição que todos desejamos viver o mais possível, é verdade que se trata de um sentimento difícil de improvisar quando estamos desprovidos. Ao contrário: se o nosso coração é cheio de satisfação, é impossível não o manifestar ao exterior. Por qual motivo, pois, ordena-se à Virgem sorrir?

A resposta não tarda a chegar. O anjo reconhece Maria como uma criatura preenchida de graça, super afortunada, cheia de coisas recebidas em presente. E a "constrange" a dar-se conta disso. É a mesma "sensação" que vive Jesus no momento do batismo, quando percebe a voz vindo do céu dizer: "Tu és o meu Filho amado, de ti eu me agrado" (Mc 1,11). Assim como Jesus se sente amado, escolhido, protegido pelo olhar do Pai, do mesmo modo Maria é convidada pelo anjo a perceber-se como uma coisa graciosa e bem-vinda aos olhos de Deus. A voz angélica culmina na maravilhosa promessa – para totalmente ser crida – que entre a jovem mulher de Nazaré e o Todo-poderoso não há nenhuma distância: "o Senhor está contigo". Diante da notícia das notícias, Maria entra, porém, numa intensa aflição. O evangelista a descreve fortemente agitada, como um barco que é abalado e desnorteado por um maremoto repentino. Por que essa reação depois de ter ouvido uma palavra graciosa, cheia de confiança e amor? Como poderemos nós reagir quando o Senhor nos dirigir a palavra? Nós que não dispomos sequer de um coração tão límpido como aquele de Maria? Por que surge assim tão difícil o permitir a um outro falar bem de nós, sem cairmos no temor e no embaraço?

Os motivos são essencialmente dois, de que só o primeiro é referível também a Maria. Ficamos aflitos diante de palavras de benevolência porque o amor não é um evento óbvio, mas uma instância nova cada vez que acontece. A certeza de sermos amados não se adquire jamais de uma vez por todas. A cada dia – talvez até mesmo a cada instante –, temos a necessidade de nos sentirmos reconhecidos e acolhidos por aquilo que somos. É um pão fresco que o nosso coração necessita mastigar sempre. O temor de Maria perante o anjo explica-se, antes de mais nada, desta forma: como a grande surpresa diante de um reconhecimento que, por mais desejável que seja, não pode deixar de nos agitar cada vez que acontece, porque é livre e gratuito.

O segundo motivo por que podemos ficar aflitos quando alguém fala bem de nós não diz respeito a Maria, mas a nós que, tendo um coração partido pelo pecado original, fazemos um esforço enorme para deixar para trás todos os juízos e os olhares que nos definiram. Estamos tão habituados a uma pequena, às vezes péssima, ideia de nós mesmos que não conseguimos abrir-nos para uma percepção renovada e melhor da nossa identidade. Estamos habituados a olhar para nós não com os olhos de Deus, mas com aqueles exigentes dos outros ou então com aqueles impiedosos de nós mesmos. Eis o porquê de, assim que Deus tenta dizer-nos como o seu coração nos percebe, estarmos tentados a cair imediatamente na dúvida ou, pior ainda, no cinismo. Não conseguimos crer numa notícia boa demais para ser verdade. É como se a Palavra de Deus buscasse escrever sobre uma folha onde muitas outras declarações foram já acumuladas e organizadas no tempo, deixando pouco espaço a afirmações posteriores.

Poderíamos imaginar Deus que nos fala como um pintor cujo esforço inicial consiste em remover um reboco das paredes do nosso coração, antes de poder tingi-las com novas e maravilhosas cores.

Folheando as páginas da Bíblia, percebemos que esse foi o paciente e ordenado trabalho desenvolvido durante séculos pelos profetas, quando falavam ao coração de Jerusalém preanunciando a boa-nova do amor infinito de Deus, aquela que se torna concreta e universal em Cristo. Quando Israel devia levantar-se novamente e reencontrar esperança, depois de amargas experiências da idolatria e do exílio, Deus enviava os profetas para retirar o reboco da desesperança e da resignação.

> Já não te chamarão "Repudiada", e tua terra já não será chamada "Abandonada"; serás chamada, isto sim, "Minha querida", e tua terra terá o nome de "Desposada". Pois o SENHOR te concede o seu amor, e tua terra será desposada (Is 62,4).

Sentir-se abandonado, até mesmo devastado, depois das provas e dos sofrimentos da vida, é uma experiência que todos conhecemos. E então, diz com força o Senhor, o fracasso não é o nosso destino, a miséria não é nossa identidade última. Aos olhos de Deus, nós restamos sempre uma realidade amorosa, como uma esposa amável e desejável, pronta para florescer novamente.

> Levanta-te, minha querida,
> minha formosa, e vem!
> Pomba minha, nas fendas da rocha,
> no esconderijo escarpado,
> mostra-me teu rosto, deixa-me ouvir tua voz!
> Porque tua voz é doce e teu rosto encantador.
> (Ct 2,13-14).

As palavras de amor do Cântico vão mesmo nessa direção, estimulando a nossa consciência a reencontrar um olhar de admiração por aquilo que somos, apesar daquilo que – talvez – nos coube ser. Apresentando-se como um Esposo, Deus nos revela que somos realmente algo amável, a nossa voz uma melodia suave, o nosso rosto um verdadeiro e próprio encanto.

> Mas agora assim fala o SENHOR que te criou, ó Jacó, e te formou, ó Israel: Não tenhas medo, pois eu te resgatei, chamei-te pelo nome, tu és meu! Se tiveres de passar pela água, estarei a teu lado, se tiveres de varar rios, eles não te submergirão. Se andares pelo fogo, não serás chamuscado, e as labaredas não te queimarão. Pois eu sou o SENHOR teu Deus, o Santo de Israel, teu Salvador. Entrego como teu resgate o Egito, dou em teu lugar a Etiópia e Sabá. Já que contas muito para mim, me és caro e eu te amo, entrego gente em teu lugar e povos por tua vida (Is 43,1-4).

Diante do temor de valer pouco ou nada, os profetas por vezes tiveram que se lançar em palavras de amor exageradas e apaixonadas. Por trás das imagens utilizadas por Isaías, para convencer um povo a não interromper o próprio caminho em direção à terra prometida, podemos avistar uma notícia verdadeiramente incrível: Deus está disposto a fazer loucuras por nós, a ponto de doar tudo que tem, até mesmo o seu próprio Filho, como descobrimos quando, na história humana, chegou a plenitude dos tempos.

> Pode uma mulher esquecer seu bebê, deixar de querer bem ao filho de suas entranhas? Mesmo que alguma esquecesse, eu não te esqueceria! (Is 49,15).

Por que Deus se comporta assim conosco, que ao contrário parecemos estar tão distraídos ou refratários a esse seu amor? Não só porque é bom, mas porque nós, aos seus olhos, somos literalmente algo inesquecível. Deus não consegue esquecer-se de nós, depois de nos ter criado semelhantes a Ele. A força desse sentimento é para nós uma notícia surpreendente, difícil de crer, visto que, nas nossas relações humanas, frequentemente nos sentimos negligenciados, esquecidos ou deixados de canto. Até mesmo por pessoas mais próximas e queridas. E então começamos a pensar que somos algo feio ou errado. Ou então que o amor verdadeiro não existe.

> Vinde e discutiremos – diz o SENHOR. Ainda que vossos pecados sejam como púrpura, ficarão brancos como a neve. Se forem vermelhos como o carmesim, ficarão como lã (Is 1,18).

Também perante essa suspeita, Deus tem uma palavra para nos oferecer: convidados a discutir com Ele o valor daquilo que somos, indo para além das sensações e das impressões que no tempo podemos ter elaborado.

Essas são apenas algumas das palavras que Deus tentou gritar durante os séculos ao coração de Israel. As mesmas palavras são repetidas ao nosso coração toda vez que oramos através do seu Verbo eterno, que habita em nós com o seu Espírito. São palavras de amor, de confiança, de esperança, com as quais o

Senhor pretende, principalmente, ajudar-nos a colocar novamente em foco a verdadeira imagem de nós mesmos, removendo o reboco dos juízos, das suspeitas e dos silêncios que puderam no tempo nos definir. Também nós, como a Virgem Maria, com essas palavras inesperadas, devemos aprender a nos medir e a nos interrogar. No fogo lento desse confronto, a oração se desenvolve e continua em nós.

Atravessar o medo

O itinerário percorrido por Maria revela uma fase crucial da oração, aquela em que a voz de Deus deve necessariamente remover todos os juízos que no tempo foram sedimentados e estratificados em nós. Antes de consolar e reforçar o nosso coração, Deus tem necessidade de limpá-lo novamente das feridas que nele estão acumuladas. Ele faz isso colocando em discussão todas as mentiras que nos induziram a crer em uma imagem mutilada e enfraquecida de nós mesmos, por causa da qual acolhemos com suspeita e temor cada boa-nova.

Maria não é isenta de um certo medo na experiência de ouvir, e o anjo se coloca em diálogo com esse legítimo e compreensível sentimento, explicando-lhe que, quando Deus fala e propõe, não precisa sentir-se ameaçado.

> Mas o anjo lhe falou: "Não tenhas medo, Maria, porque encontraste graça diante de Deus". (Lc 1,30).

O medo é uma emoção primária de que temos necessidade: assinala-nos os perigos, estimula os nossos movimentos de sobrevivência, mantém-nos distantes das ocasiões em que podemos fazer mal a nós mesmos ou a outros. Contudo, é também um fantasma capaz de nos espantar, um fantoche de papel machê que nos obriga a fugir toda vez que a vida nos solicita, simplesmente, uma abertura para algo novo e desconhecido. Maria é convidada a não ouvir (em demasia) essa emoção necessária porque, na realidade, a voz angélica está guiando-a exatamente para o centro do seu desejo mais profundo: Deus está falando com ela sobre aquilo que ela mesma estava procurando. Essa é certamente uma surpresa na cena da anunciação, que nos permite entender algo de importante que acontece no espaço da oração.

A palavra que Deus nos entrega não é estranha àquela que nós estamos há muito tempo procurando e esperando ouvir. Na verdade, o anúncio de Deus é a melhor encarnação dos nossos mais autênticos desejos. Não significa que Deus vai simplesmente confirmar as nossas expectativas. Isso reduziria a oração à pior suspeita que filósofos e pensadores de todos os séculos sempre assinalaram: o grave risco de que a vida espiritual seja somente uma ilusão, ou melhor: uma projeção das nossas necessidades. Demanda e oferta encontram-se na oração quando o diálogo se move no nível da graça, isto é, no espaço das coisas livres e gratuitas. Descobrir e segurar a graça, enquanto estamos orando, quer dizer acolher Deus por aquilo que Ele realmente é: um maravilhoso Artista capaz de fazer da nossa vida uma obra-prima de amor. De fato, o projeto que o anjo pinta diante dos olhos encantadores de Maria é um desenho estupendo, capaz de tirar o fôlego de qualquer um.

> Eis que conceberás e darás à luz um filho e lhe porás o nome de Jesus. Ele será grande e será chamado Filho do Altíssimo. O Senhor Deus lhe dará o trono de Davi, seu pai. Ele reinará na casa de Jacó pelos séculos e seu reino não terá fim (Lc 1,31-33).

A missão é verdadeiramente grande e audaciosa: o risco de não ser compreendida por ninguém, ou melhor, ser julgada por todos (como adúltera), é muito sério e provável. Todavia, o anjo não parece intencionado a oferecer alguma garantia sobre os riscos a que a chamada de Deus expõe. Quando fazemos as nossas orações a Deus, gostaríamos de ser encorajados e tranquilizados. Um pouco como quando colocamos os foninhos para escutar aquelas músicas capazes de incitar as nossas emoções mais imediatas. Deus prefere abater o muro dos nossos medos percorrendo outra estrada, mais desafiadora, mas também mais fecunda.

Na oração, o Senhor não nos diz que a vida será uma passagem fácil e segura, não nega sequer os riscos que podemos encontrar se seguirmos a sua vontade. Em vez disso, anuncia-nos com franqueza todo o bem que Ele deseja cumprir em nós, na medida em que estamos dispostos a nos tornar guardiões da sua promessa.

Maria deixa-se atrair com extrema naturalidade por essa estratégia, ativando um instrumento absolutamente indispensável na arte da oração: a curiosidade santa.

> Maria perguntou ao anjo: "Como acontecerá isso, pois não conheço homem?" (Lc 1,34)

A oração serve-nos para reconhecer e explicitar as perguntas mais autênticas que repousam em nós. Esse fruto, parcial e necessário, de todos os momentos da oração não é em nada óbvio. As provas a que a vida nos expõe, frequentemente, obtêm o efeito nefasto de silenciar ou inibir a nossa capacidade de pedir. Tornamo-nos demasiadamente tímidos no perguntar, não porque somos educados e reservados, mas porque não ousamos mais crer que a nossa vida possa se tornar – ou voltar a ser – ventre de coisas novas e belas. O hábito de não ousar e não perguntar, tanto nas relações humanas quanto na oração, atesta quanta resignação e desilusão podem enraizar-se no coração com o passar do tempo.

Maria faz ao anjo uma pergunta porque parece ter confiança que essa coisa de que Deus está lhe falando certamente será possível. O seu modo de orar habituou-a a pensar bem de Deus, mesmo quando as suas palavras se mostram um pouco excessivas e quase incríveis. Muitas vezes a nossa oração se prende exatamente a esse ponto, quando, no silêncio de uma recíproca liberdade, se pedem mais palavras a fim de colocar Deus na condição de nos revelar até o fundo o que pretende fazer de nós.

Nessa delicada passagem, pode nos acontecer de interromper a oração ou então de ceder à tentação fácil de nos distrair, pensando em coisas banais e passageiras. Tememos não só o que Deus nos possa pedir, mas também descobrir que sonhos escondidos dentro de nós ainda podem encontrar um modo para se realizarem mediante a fidelidade do seu amor.

> Em resposta o anjo lhe disse: O Espírito Santo virá sobre ti e o poder do Altíssimo te cobrirá com sua sombra; é por isso que o menino santo que vai nascer será chamado Filho de Deus (Lc 1,35).

A resposta do anjo não é a mais exaustiva que se poderia receber, mas é indubitavelmente muito evocativa. Não é explicado para a Virgem de que modo ela poderá gerar a carne do Filho de Deus, só lhe é anunciado que o Espírito Santo será o seu fiel guardião para toda a duração da viagem, como faz uma nuvem quando do alto obscurece o que está na terra. A Virgem intui ter não só o coração inflado com um projeto maravilhoso, mas também as costas cobertas por uma força superior e fiel, aquela de Deus. Esse sentir-se descoberta nos desejos profundos e, ao mesmo tempo, coberta nos legítimos temores permite a Maria prolongar a oração, permanecendo em diálogo com o anjo do Senhor.

Também a nossa oração evolui e prossegue na medida em que conseguimos ultrapassar o medo de intuir o que ferve na panela dos projetos de Deus para nós. Interrogar os pensamentos que afloram nos momentos em que, silenciosamente, nos colocamos a ouvir o Espírito é a via principal para percebermos com quem estamos verdadeiramente dialogando. Nos momentos de oração, a cadeia de raciocínios que se desenvolve em nós é frequentemente uma alternância caótica de intuições espirituais e avaliações humanas. Interrogar e aprofundar o que majoritariamente nos toca e nos faz tremer é a única ocasião que temos para permitir a Deus continuar a falar ao nosso coração.

Libertar o desejo

Se queremos atravessar o medo a que nos expõe a experiência da oração, só podemos interrogar, isto é, verificar aquilo que nos parece ser o murmúrio da voz de Deus em nós. Trata-se, contudo, de uma operação muito útil para não correr o risco de achatar a oração só à nossa sensibilidade. Deus se revela a nós gradualmente, em um clima de recíproca liberdade e respeito em que as perguntas são bem-vindas, quando não pretendem gerar dúvida ou desconfiança. Célebre é a exortação de São Paulo:

> "Não vos inquieteis por coisa alguma. Em todas as circunstâncias apresentai a Deus as vossas necessidades em oração e súplica, acompanhadas de ação de graças. E a paz de Deus, que excede toda inteligência, haverá de guardar vossos corações e pensamentos em Cristo Jesus" (Fl 4,6-7).

Explicitar solicitações a Deus é de tal forma importante que alguns mestres espirituais sugerem fazê-lo também ao início da oração. Isso poderia parecer prematuro se feito com intenção de manipular. Na oração, não se devem ditar condições, mas conversar e discutir em completa liberdade.

O motivo pelo qual pedir é, ao contrário, compreendido como importante, no começo, no meio e no fim da oração, é que não temos outra modalidade para educar o nosso desejo de apostar na relação com Deus, senão treiná-lo para manifestar seus conteúdos de maneira simples e concreta. A conclusão da anunciação a Maria oferece-nos uma confirmação disso.

> Disse então Maria: "Eis aqui a serva do Senhor. Aconteça comigo segundo tua palavra!" (Lc 1,38).

Sentindo-se profundamente interceptada e envolvida no projeto de Deus, Maria decide enviar o mensageiro celeste através de um verbo em forma optativa ("Aconteça comigo"), com a qual a língua grega é capaz de exprimir uma proposição desejosa ("queira o céu que", "que assim seja"). Nesse modo, Maria declara todo o seu entusiasmo por aquilo que soube reconhecer no seu coração como uma Palavra de Deus dirigida a ela. Não inclina a cabeça com aquela atitude de humildade afetada com a qual muitas vezes aceitamos as coisas fingindo estarmos convencidos e felizes com elas. Maria não se deixa nem implorar nem forçar, mas se apropria alegremente daquilo que o anjo lhe propôs crer.

A oração é uma verdadeira e própria ginástica do desejo, que pretende resgatar o nosso coração de cada paralisia e de cada medo: "desejo de Deus, que nos leva a esvaziar o coração dos maus desejos para preenchê-lo com o desejo do bem, do bem supremo" (Santo Agostinho).

Isso poderia nos parecer uma estranha linha de chegada a que a oração nos quer conduzir. Somos acostumados a pensar que, quando entramos em relação com Deus, a nossa principal preocupação deveria ser aquela de sermos humildes, abaixarmos as pretensões para acolhermos docilmente a sua vontade. Naturalmente há algo de verdade nisso também, mas podemos dizê-lo somente com uma certa cautela. Se compreendemos, muito ingenuamente, que a oração é como um esvaziar-nos diante de Deus, arriscamos a compreender a vida espiritual como um caminho onde perdemos a nossa personalidade e ferimos a nossa sensibilidade. E isso não pode jamais ser aquilo que Deus deseja para nós.

A oração nos é dada para cultivar a melhor imagem de nós mesmos, aquela que Deus ama perdidamente e reconhece como sua propriedade. Isso certamente não esgota o caminho da oração, que deve também nos conduzir para fora da zona de conforto das nossas sensações e dos nossos hábitos, mas isso não é o primeiro objetivo da oração.

Orar não significa nem dobrar Deus às nossas necessidades, nem nos dobrar na presença de sua infinita majestade. Significa, em vez disso, fazer tudo o possível para não esquecer que Deus e nós estamos ligados por um vínculo de forte amizade, em que cada um deve sentir-se, antes de tudo, livre para ser quem é diante do outro. As palavras de despedida de Jesus, durante a Última Ceia com os seus discípulos, não deixam espaço para mal-entendidos.

> Ninguém tem maior amor do que aquele que dá a vida por seus amigos. Vós sois meus amigos, se fizerdes o que vos mando. Já não vos chamo escravos, porque o escravo não sabe o que faz o seu senhor. Eu vos chamo amigos porque vos dei a conhecer tudo o que ouvi de meu Pai. Não fostes vós que me escolhestes,

mas fui eu que vos escolhi. Eu vos destinei para irdes dar fruto e para que vosso fruto permaneça, a fim de que ele vos dê tudo o que pedirdes ao Pai em meu nome (Jo 15,13-16).

Se não quisermos correr o risco de desperdiçar o tempo da oração para nos desanimar ou chafurdar nos nossos problemas, devemos aceitar a proposta de começar a falar com Deus como se faz com um amigo. Trata-se de descer tão fundo no nosso coração, através da força da gravidade da Palavra, a ponto de aceitar o fato – sempre surpreendente – de que, no coração do Altíssimo, existe uma grande, mas livre, necessidade de nós. Maria exclama "eis-me aqui" porque consegue discutir com um Deus desejoso de que ela levasse ao mundo a sua salvação. Também nós não podemos deixar de entrar na alegria da oração com essa disponibilidade: rejeitar toda imagem feia de nós mesmos para permanecer diante de Deus em toda a nossa beleza, porque é esse olhar de Deus sobre nós que fazemos ainda esforço para ver e crer, enquanto para Deus é já uma evidência inabalável.

3
Purificar o olhar

Reconhecer o Pai

A oração cristã, por natureza, deveria ocorrer num clima de muita simplicidade. Para além das formas e dos métodos que podem ser utilizados, segundo o Evangelho, orar não é mais do que levar a sério a liberdade de chamar Deus de nosso Pai, confiantes no testemunho de Jesus. No prosseguir desse diálogo, porém, escondem-se não poucas armadilhas e complicações, porque o acolhimento da paternidade divina requer um coração simples e capaz de confiar, que não pode ser improvisado de maneira alguma. Isso é verdade sobretudo na fase adulta, quando o desafio de se tornar – sem permanecer – pequeno exige uma conversão radical do coração que, às vezes, não estamos mais acostumados a fazer.

Para tornar as coisas menos óbvias do que se espera, há também o hábito de considerar a oração por excelência, a do Pai-nosso, como uma fórmula a ser recitada e não como uma forma de oração a ser assumida. Uma vez atestada em dois Evangelhos, o de Mateus e o de Lucas, em uma estrutura sintética e repetível – aquela que se usa, por exemplo, durante a missa –, desde pequenos encontramos sobre os nossos lábios um punhado de palavras que arriscam ser tomadas mais como uma cantiga do que uma manifestação do coração. A propósito, se lemos com atenção o mais antigo evangelho, o de Marcos, descobrimos que a transmissão dessa familiaridade com Deus, que Jesus vivia na sua oração, não aconteceu pelo ensinamento de uma simples fórmula aos discípulos. No Evangelho de Marcos, falta o texto do Pai-nosso, enquanto estão presentes diversas situações nas quais os discípulos ouviram Jesus dirigir-se a Deus chamando-o com intimidade "Pai" ou "*Abbá*", um termo ainda mais afetuoso e familiar para invocar a sua paternidade. O momento mais dramático, em que essa oração é pronunciada por Jesus diante dos discípulos, foi aquele da agonia no Getsêmani, na eminência da sua paixão e morte.

Compreendemos então que orar a Deus chamando-o de Pai não é, de modo algum, um gesto simples, mas o fruto de um processo exigente e doloroso no qual devemos aprender a reconhecer o seu rosto distinguindo-o de qualquer outra imagem e falsificação.

Não por acaso que, na Igreja primitiva, a entrega do Pai-nosso acontecia só depois de um longo tirocínio, no qual os neófitos eram examinados e acompanhados por quem essa confiança em Deus como Pai tinha já assimilado há tempo. Ainda hoje, do resto, quando o sacerdote, durante a missa, exorta a assembleia a exercitar o direito batismal de chamar Deus de nosso Pai, faz isso com palavras iguais a estas: "Obedientes à palavra do Salvador e formados por seu divino ensinamento, *ousamos dizer*". Essa exortação final não quer esfriar a familiaridade com o que é possível apresentarmo-nos a Deus, mas nos recorda qual é o perigo de crer na revelação de um Deus tão próximo e sensível a nós a ponto de poder ser realmente acreditado e chamado como nosso Pai.

Quando oramos, não nos limitamos a conectarmo-nos ao Deus invisível, com aquela leveza e aquela superficialidade com as quais trocamos mensagens entre nós ou então conversamos ao telefone. Orar significa sempre aprofundar uma revelação que nos foi feita, verificando quanto o nosso coração é capaz de crer e reconhecendo também quais obstáculos surgem nessa tarefa.

> Ninguém jamais viu a Deus. O Filho único de Deus, que está junto ao Pai, foi quem no-lo deu a conhecer (Jo 1,18).

As palavras com as quais João conclui o prólogo do seu evangelho são uma notícia magnífica, porque dizem que Deus parou de brincar de esconde-esconde: vimos o seu rosto e descobrimos a sua natureza. Ao mesmo tempo, elas nos colocam em guarda das fáceis e ingênuas apropriações, porque se trata de uma revelação, não de um conceito a ser entendido. Um outro ensinamento de Jesus sobre esse ponto é ainda mais claro e explícito.

> Naquela ocasião, Jesus tomou a palavra e disse: Eu te louvo, Pai, Senhor do céu e da terra, porque escondeste estas coisas aos sábios e entendidos e as revelaste aos pequeninos. Sim, Pai, porque assim foi do teu agrado. Tudo me foi entregue por meu Pai. Ninguém conhece o Filho senão o Pai, e ninguém conhece o Pai senão o Filho e aquele a quem o Filho o quiser revelar (Mt 11,25-27).

Apesar de ter-se definitivamente revelado na sua natureza de amor, Deus mantém bem escondido o seu rosto a quem se põe diante dele com a arrogância dos sábios, enquanto se deixa encontrar de bom grado por aqueles pequeninos que aceitam construir dentro de si um coração moderado e humilde. Dessa forma, Deus não cumpre arbitrárias discriminações; ao contrário, mostra ter grande sensibilidade para o nosso caminho em direção a Ele, sem forçar os tempos de um reconhecimento que pode acontecer só na liberdade. Esse caminho de reconhecimento do Pai, através da mediação de Jesus, foi árduo também para as primeiras testemunhas da sua encarnação. As reações daqueles judeus que, primeiramente, tentaram confiar nele e na sua palavra atestam quanto difícil foi acolher Deus como (um) Pai, mesmo que diante de uma grande evidência de sinais.

> Então um escriba se aproximou e lhe disse: "Mestre, eu te seguirei aonde quer que fores" (Jo 8,19).
> Os discípulos foram acordá-lo, dizendo: "Senhor, salva-nos! Vamos morrer"! Ele respondeu-lhes: "Por que este medo, homens de pouca fé?" Em seguida levantou-se, repreendeu os ventos e o mar, e se fez grande calma. Os homens se admiraram dizendo: "Quem é este a quem até os ventos e o mar obedecem?" (Jo 8,25-27).

Em alguns confrontos particularmente acalorados e dramáticos, compreendemos como essa revelação da paternidade de Deus esteve mesmo no centro do julgamento de Jesus e levou à sua sentença de morte.

> Então os judeus o rodearam e perguntaram: "Até quando nos deixarás na dúvida? Se tu és o Cristo, dize-nos abertamente". Jesus lhes respondeu: "Já vos disse e não credes. As obras que eu faço em nome de meu Pai dão testemunho de mim. Mas vós não acreditais porque não sois minhas ovelhas. Minhas ovelhas ouvem a minha voz; eu as conheço e elas me seguem. Eu lhes dou a vida eterna e elas nunca morrerão, e ninguém as arrancará de minha mão. Meu Pai que me deu as ovelhas é maior do que todos, e ninguém poderá retirá-las da mão do meu Pai. Eu e o Pai somos um". Os judeus apanharam de novo pedras para apedrejá-lo (Jo 10,24-31).

Torna-se comovente a súplica de Felipe, um dos Doze, durante a Última Ceia. E a muito terna e breve réplica com a qual Jesus tenta novamente mostrar o Pai através de si:

> Filipe disse-lhe: "Senhor, mostra-nos o Pai e isto nos basta". Jesus lhe disse: "Filipe, há tanto tempo estou convosco e não me conheces? Quem me viu, viu o Pai. Como podes dizer: mostra-nos o Pai? Não crês que eu estou no Pai e o Pai está em mim?" (Jo 14,8-10).

Durante a sua vida pública, Jesus percebera que nos testemunhar e nos transmitir o rosto do Pai significava purificar o nosso coração da escuridão mais radicada e venenosa, a qual nos leva a imaginar um Deus distante, indiferente e até mesmo hostil à nossa vida.

> Pedi e vos será dado; buscai e achareis; batei e vos abrirão. Pois quem pede, recebe; quem procura, acha; e a quem bate, se abre. Quem dentre vós dará uma pedra a seu filho que pede um pão? lhe dará uma cobra, se ele pedir um peixe? Se, pois, vós que sois maus, sabeis dar coisas boas aos vossos filhos, quanto mais o vosso Pai, que está nos céus, dará coisas boas aos que pedirem (Mt 7,7-11).

Essas exortações à oração com a mesma confiança com que procuramos e batemos à porta são muito aceitáveis. Jesus ainda acrescenta algumas considerações que nos deixam compreender o quanto é difícil para nós crer na paternidade de Deus. A proposta de identificar-se com uma figura paterna e raciocinar como se comporta geralmente nessa condição é um soco no estômago para a nossa sensibilidade. Nenhum pai, por mais que marcado pela maldade humana, sonharia deixar de atender aos pedidos do seu filho, dando-lhe uma pedra em lugar de um pão ou uma serpente em lugar de um peixe. Por que – pergunta Jesus – nós, em vez disso, quando nos colocamos em oração, tememos receber das mãos de Deus exatamente o contrário do que pedimos? A interrogação admite uma só resposta: porque a imagem da sua paternidade, no nosso coração, está seriamente comprometida.

A complexa assimilação de Deus como Pai, bom e provedor, consente-nos pôr em foco a oração não só como o momento em que nos limitamos a pedir aquilo que nos serve, que, no entanto, Deus já conhece. Não deveríamos jamais esquecer que, quando oramos, estamos educando o nosso coração a crer que a pessoa a quem dirigimos a voz é nosso Pai. Um que tem verdadeiramente no coração a nossa vida, muito mais do que possamos imaginar ou ousamos esperar.

Pensar como filhos

Enquanto colocamos em foco a imagem do Pai, convém-nos viver também uma outra experiência digna de nota. O Espírito – que entendemos ser o verdadeiro autor da oração – nos ajuda a levar a cabo uma transformação decisiva para o destino da nossa humanidade. Sabemos que, com o batismo, torna-mo-nos "filhos de Deus" porque, unindo-nos a Cristo, a sua dignidade de Filho se transferiu a nós, por pura graça. Essa renovada identidade é apenas uma semente depositada em nós, que temos a tarefa de cuidar dela e fazê-la crescer. Os primeiros cristãos estão de tal modo convencidos desse destino que exortavam uns aos outros com estas palavras:

> Caríssimos, somos desde já filhos de Deus, embora ainda não se haja manifestado o que havemos de ser. Sabemos que, quando ele aparecer, seremos semelhantes a ele, porque o veremos tal qual ele é (1Jo 3,2).

No século passado, antes que houvesse o esquecimento de Deus na nossa cultura, essa natureza filial era reconhecida sem problemas a todas as criaturas, para além dos sinais sacramentais recebidos e dos pertencimentos religiosos. Dizer: "somos todos filhos de Deus" significava simplesmente afirmar que nos devemos conceber como todos iguais, com os mesmos direitos e a mesma dignidade. A Primeira Epístola de João nos recorda, porém, que ser filhos de Deus é também um caminho progressivo confiado à nossa responsabilidade. A oração é o instrumento mais comum com o qual podemos entrar por ele, prestando atenção a toda uma série de armadilhas.

No sermão da montanha, Jesus afirma que a primeira grande tentação no viver como filhos é a de assumir só a forma, mas não a substância de uma autêntica confiança em Deus como Pai.

> E quando orardes, não sejais como os hipócritas, que gostam de rezar em pé nas sinagogas e nas esquinas das praças para serem vistos pelos outros. Eu vos garanto: eles já receberam a recompensa. Mas quando rezares, entra no teu quarto, fecha a porta e reza ao teu Pai que está no oculto. E o Pai, que vê no oculto, te dará a recompensa (Mt 6,5-6).

A admoestação não parece muito atual. De gente que ostenta a oração hoje estão vazias as praças e ainda as igrejas. Pode ressoar-nos, porém, provocatória a sugestão de viver o gesto da oração em separado, no nosso quarto, "em segredo" mesmo. Em um tempo em que as coisas parecem ter valor só se são públicas – ou melhor, publicadas – e vistas pelos outros, saber que existe um tesouro reservado a quem se coloca em separado e vive de tal modo protegido de qualquer olhar indiscreto é certamente uma notícia intrigante.

Por que Jesus afirma que a oração tem necessidade de ser feita em segredo? Talvez porque só onde não existem outros olhos a não ser aqueles de Deus olhando-nos é que podemos nos descobrir tão livres a ponto de poder lançar fora todas as máscaras e, finalmente, nos mostrar como filhos pequenos, frágeis e necessitados. Quem se aventura de modo sério na experiência da oração, procurando cultivar um diálogo filial com Deus, percebe que não há exatamente nada de óbvio ao assumir seriamente – e estavelmente – esse tipo de atitude. Na Epístola aos Romanos, o Apóstolo Paulo deixou uma palavra decisiva sobre o assunto.

Todos os que são conduzidos pelo Espírito de Deus são filhos de Deus. Vós não recebestes um espírito de escravos para recair no medo, mas recebestes um espírito de filhos adotivos pelo qual clamamos: "*Abba*, Pai". O próprio Espírito dá testemunho a nosso espírito de que somos filhos de Deus (Rm 8,14-16).

Apresentar-nos a Deus como seus filhos em teoria é esplendido, mas, na prática, nos faz tremer os joelhos de medo, porque se trata de não esconder mais a nossa fraqueza e de não fugir mais da nossa vulnerabilidade. Isso explica por que a vida espiritual, hoje, é tão desconsiderada e, ao mesmo tempo, tão secretamente procurada. Se orar significa pôr-se diante de Deus – portanto, diante de nós mesmos – em atitude filial, então ocorre desobedecer ao imperativo – hoje tão difundido – de dever nos mostrar sempre fortes, vencedores e performáticos. É importante pensar sobre a oração também nestes termos: um enorme, prolongado e insistente ato de desobediência contra tudo o que, fora e dentro de nós, nos força a esconder aquilo que somos, em vez de levá-lo à luz para que possa ser finalmente visto, conhecido e amado. Por Deus, mas, depois e no fundo, também por nós mesmos.

Felizmente, nesse combate interior, somos apoiados e acompanhados pela força do Espírito. São Paulo explica que, também quando a nossa voz é fraca ou quieta, o Espírito não é jamais tímido e continua a gritar aquele nome – *Abbá*, Pai – a ponto de rasgar o céu e juntar-nos com Deus, atestando ao nosso espírito que no que começamos a acreditar não é uma ilusão, mas simplesmente a verdade de nós mesmos. Perseverar nessa atitude é o grande segredo da oração cristã, que nos expõe a uma incessante renovação do modo de imaginar a nossa relação com Deus: "Não vos ajusteis aos modelos deste mundo mas transformai-vos, renovando vossa mentalidade" (Rm 12,2). Orar não significa perseguir sentimentos e emoções que nos façam esquecer – talvez também só por um instante – os pesos da vida. É melhor pensar e modificar o modo de avaliar a realidade e as coisas, aceitando o fato de que tudo encontra o seu significado último em referência a "um só Deus e Pai de todos, que está acima de todos, que age por meio de todos e em todos" (Ef 4,6).

Entretanto, ao invés de abandonarmo-nos a um diálogo sempre mais confidente e sincero com o Pai da humanidade inteira, na oração conseguimos escorregar em tantos formalismos e hipocrisias que podem esvaziá-la da sua alma. Orar a Deus como filhos significa proteger a íntima convicção de poder recomeçar a viver sempre com extrema liberdade e naturalidade diante dos olhos de um Pai que permanecerá tal não importando o que façamos ou o que nos ocorra. Quando um descobre ter um Pai, a quem sempre pode retornar, não se torna invencível. Todavia, nada nem ninguém pode vencê-lo, porque o seu coração se sente definitivamente em lugar seguro, reconhecido por um amor grande e fiel.

Essa é a mentalidade que a oração necessita de nutrição: um modo de raciocinar como filhos que é o antídoto mais eficaz para qualquer forma de narcisismo e de perfeccionismo. (Vir a) Ser filho de Deus não é um prêmio reservado a alguma vida exemplar, mas a grande dignidade a que é destinado cada ser humano. Eis o que murmura o Espírito dentro de nós: não as palavras com que devemos convencer Deus da nossa boa-fé, mas o canto de confiança que podemos não parar jamais de ouvir e entoar no fundo de nossa alma. Por vezes esquecemos e, frente aos horrores da vida e da morte, arriscamos cair naquele medo suscitado em nós pelo pecado, que é o distanciamento do nosso espírito do Espírito de Deus.

Contudo, a voz do Espírito não se cansa de repetir-nos que Deus não errou ao querer a nós e nos amar. Aconteceu de fato: para Deus nasceram filhos e entre esses filhos estamos também nós. Não sabemos ao certo o que um dia seremos. O que hoje, porém, podemos ser é já muito belo: filhos amados, cidadãos do céu, memórias inapagáveis no coração de Deus. Assim podemos viver e assim podemos orar.

Ser invasivo

A oração não é só um sentimento a ser cultivado, mas também uma mentalidade a ser adquirida e aprimorada. Confiar-se à paternidade de Deus e viver na liberdade dos filhos de Deus são os dois binários sobre os quais a nossa vida pode aprender a fluir, tocando a força e a luz que vêm também dos momentos de oração. Para examinar se essas duas tendências estão sendo enraizadas em nós, Jesus pensou bem em nos deixar alguns ensinamentos, que nos podem oferecer mais indicações para refletir sobre o que se move no nosso mundo interior. Alguns desses podem ser um verdadeiro e próprio remédio capaz de curar aquele estranho embaraço que provamos com grande pontualidade nos momentos em que somos obrigados a manifestar a Deus a nossa necessidade.

> Jesus acrescentou: Se algum de vós tiver um amigo e for procurá-lo à meia-noite e lhe disser: 'Amigo, empresta-me três pães, pois um amigo meu chegou de viagem e não tenho nada para oferecer', e ele responder lá de dentro: 'Não me incomodes, a porta já está fechada e eu e meus filhos já estamos deitados; não posso me levantar para te dar os pães'. Eu vos digo: Se ele não se levantar e não lhe der os pães por ser seu amigo, ao menos se levantará por causa do incômodo e lhe dará quantos necessitar (Lc 11,5-8).

Para ilustrar o significado da oração filial, pouco antes ensinada aos discípulos, Jesus conta uma parábola em que o termo mais recorrente é "amigo". Nas entrelinhas, entende-se logo a mensagem: entra-se e mantém-se na oração a partir de uma relação amigável, que Deus deseja estabelecer com cada um de nós. Para Jesus, esse aspecto será de tal modo importante que, pouco antes de morrer, escolhe chamar de "amigos" os seus discípulos e confiar a eles todas as coisas concernentes ao seu relacionamento de amor com o Pai (cf. Jo 15,15). Segundo o Evangelho, alguém é habilitado a orar a Deus na medida em que a sua amizade é acolhida com o amor e a pessoa está disposta a retribuí-la com as palavras e com a vida. Todo o sentido da parábola gira em torno desse tema e de quais atitudes uma verdadeira amizade torna possíveis.

Existem três amigos. O primeiro recebe a visita repentina de um segundo amigo, retornando de uma viagem. Uma vez que não tem nada a lhe oferecer, o primeiro amigo decide ir até a um terceiro amigo, não obstante a hora já avançada. Este último não teria vontade alguma de levantar-se, acordar as crianças para chegar à despensa, mas ao fim, certamente, fará isso. O motivo é simples: o amigo que chegou no coração da noite é tão insistente que é impossível não suprir a sua necessidade.

Nasce espontaneamente uma pergunta: por que ser insistente – a ponto de tornar-se invasivo – representa uma qualidade na oração, enquanto na vida é considerado um defeito ou uma falta de educação? Provavelmente porque a insistência de que fala Jesus, que podemos resumir no pedir e no perturbar um amigo, nasce da convicção de poder tirar sempre algo de bom, sem mérito e sem vergonha, da generosidade do seu coração. Com efeito, a parábola conta exatamente isso. O amigo que volta tarde de uma viagem não tem medo de bater à porta e de pedir hospitalidade para a noite. Essa desfaçatez ativa a mesma atitude no dono da casa, que, por sua vez, não vê problema em ir até um outro amigo para pedir-lhe comida da qual não dispõe, sabendo que não pode sair desapontado de seu pedido.

Em suma, nesse círculo virtuoso entre amigos, o que faz mover as coisas e coloca em círculo tanta solicitude é o pensar bem uns dos outros, num clima de recíproca estima e confiança. É desse sentimento que nasce a possiblidade de ser invasivo sem resultar inoportuno. Ou melhor, quando se experimenta a oportunidade de fazer algo de bom para um amigo, adquire-se a liberdade de colocar também o amigo na condição de poder fazer tanto quanto para nós. Esse é o sentido daquelas palavras do apóstolo com que frequentemente a liturgia cristã nos exorta a fazer o bem com generosidade:

> "Sede cordiais no amor fraterno entre vós. Rivalizai na mútua estima" (Rm 12,10).

Quando oramos – é bom saber e recordar –, nós invadimos o espaço de Deus e podemos fazê-lo com absoluta liberdade porque somos filhos dele, que têm o direito de serem ouvidos e, se possível, também atendidos. Para favorecer essa nossa invasão de campo, Jesus retorna noutra ocasião sobre o mesmo tema com uma outra parábola, que evoca nuances diferentes.

> Para mostrar que é necessário orar sempre, sem nunca desanimar, Jesus contou uma parábola: "Havia numa cidade um juiz que não temia a Deus e não respeitava ninguém. Havia lá também uma viúva que o procurava, dizendo: 'Faze-me justiça contra o meu adversário'. Durante muito tempo o juiz se recusou. Por fim disse consigo mesmo: 'Embora eu não tema a Deus e não respeite ninguém, vou fazer-lhe justiça, porque esta viúva está me aborrecendo. Talvez assim ela pare de me incomodar'". Prosseguiu o Senhor: "Ouvi o que diz este juiz perverso. E Deus não fará justiça aos seus eleitos, que clamam por ele dia e noite, mesmo quando os fizer esperar? Eu vos digo que em breve lhes fará justiça. Mas, quando vier o Filho do homem, encontrará fé sobre a terra?" (Lc 18,1-8).

Nesse caso, há só duas personagens, das quais uma é apresentada de imediato sob uma péssima lente. Trata-se de um juiz inescrupuloso e insensível, que não tem temor algum em relação a Deus e nenhum amor para com o seu próximo. Embora seja um tipo de pessoa da qual nada de bom se poderia esperar, sobretudo no trato com uma mulher viúva – a outra personagem da parábola – que vai até ele para pedir e obter justiça contra um adversário, eis a grande surpresa: para não ficar sendo importunado, decide ao fim intervir. Estamos no fio da navalha de uma grande provocação, que Jesus não tarda a explicitar: se um juiz desonesto é capaz de atender à necessidade de uma viúva incômoda, o que fará Deus se os seus "eleitos" gritam por Ele de dia e de noite? A interrogação é séria, pois o exame a que conduz a parábola é exatamente sobre a nossa capacidade de "incomodar" a Deus sem nos importarmos em ser chatos e insuportáveis. A viúva consegue isso por um motivo muito simples e, sobretudo, bem declarado: tem um adversário que a atormenta noite e dia. Dessa penosa situação, a mulher arranca a força para fazer uma súplica que não considera as boas maneiras, mas se obstina no procurar e encontrar aquela justiça de que ela absolutamente necessita.

A parábola revela qual é a força paradoxal de que a oração necessita. Não aquela dos nossos melhores sentimentos, nem aquela das nossas mais louváveis intenções. Saberemos permanecer diante de Deus com fidelidade e perseverança na medida em que não perdermos o contato com os adversários e as adversidades que marcam a nossa vida. O mais das vezes não se trata de apresentar a Deus o nome de qualquer inimigo que nos está atormentando. Será suficiente ficar ouvindo lágrimas e sofrimentos que provamos dentro de nós, onde habitam os nossos inimigos cotidianos: os nossos perfeccionismos, o medo de falhar, a ansiedade do desempenho, os vícios, os enganos, as paixões inúteis e tristes. "Pois é do interior do coração das pessoas que provêm os maus pensamentos", como diz Jesus no Evangelho (Mc 7,21), aqueles desejos falsos que adoecem os dias da nossa vida, mas nos podem abrir para a urgência da oração.

Fica, porém, a pergunta: temos a consciência de estarmos também nós dentro de um combate e a esperança de podermos ser ajudados e salvos? Ou então nos falta a fé? Aquela fé sincera e franca capaz de nos tornar filhos insistentes e incômodos?

Não se irritar

Apesar das luzes com que estamos tentando iluminar o caminho da oração, devemos admitir que a sua prática se revela frequentemente frustrante. São ao menos duas as experiências nas quais percebemos um certo desconforto, juntamente com a tentação de falhar na fidelidade que desejamos ter com Deus ou lhe prometemos. A primeira frustração possível na oração é devida ao clima de silêncio no qual ela se desenvolve, do qual Deus participa com prazer. Quando começamos um momento de oração, estamos acostumados a utilizar algum instrumento – um texto para ler, alguma fórmula para recitar, uma imagem para contemplar – que, por um pouco de tempo, consegue nutrir a nossa imaginação, dando-nos a sensação de que estamos de fato dialogando com o Senhor. Depois de alguns minutos, a atmosfera inicia a modificar-se sensivelmente. Percebemos que não conseguimos permanecer concentrados em uma ideia, nem nos é fácil aprofundar palavras ou imagens que a oração suscitou dentro de nós. Além disso, esforçamo-nos para dar um nome àquilo que estamos provando, esquecemo-nos daquilo que acabamos de ler, mantemos o olhar fixo sobre um ícone sagrado enquanto na realidade estamos já pensando em outra coisa. Pouco a pouco, nessa segunda fase, feita de distrações e dissipações, temos a clara impressão de estar lutando somente com os pensamentos, num esplêndido e autorreferencial monólogo. É um momento amargo e doloroso, que cada orante conhece, no qual um desencorajamento crescente abre caminho, porque o pensamento que se forma em nós é dúplice: a nossa voz não consegue chegar até o céu e Deus, por sua vez, não pode ou não quer nos fazer sentir a sua presença.

Por sorte, essa experiência não é incomum, mas bem atestada de muitas maneiras na Escritura, como diz, por exemplo, Eliú ao amigo Jó tentando interpretar o sofrimento injusto: "Deus não ouve palavras vazias" (Jó 35,13). Num salmo, o orante inicia a gritar ajuda a Deus, fazendo subir a Ele a sua voz, desabafando de noite toda a sua angústia com as mãos estendidas em direção ao céu. Todavia, ao realizar essa comovente oração, o salmista tem a impressão de não ser, de maneira alguma, ouvido, e chega a exclamar estas palavras:

> "Acaso o Senhor nos rejeitará para sempre
> e não voltará mais a nos ser favorável?
> Acaso sua fidelidade se esgotou de todo,
> terminou sua promessa para as gerações?
> Acaso Deus se esqueceu de ter compaixão,
> ou a cólera fechou-lhe as entranhas?"
> Então eu disse: "Eis o que me faz sofrer:
> a destra do Altíssimo não é mais a mesma"
> (Sl 77,8-11).

Eis aonde pode nos conduzir a oração: não só a um mar de consolações e de paz, mas também ao tormento de um grande silêncio onde Deus parece surdo ou indiferente à nossa voz. Essa experiência dolorosa tornar-se-á particularmente dramática quando a fazê-la será exatamente Cristo sobre a cruz, o Filho de Deus que morre numa substancial ausência do Pai, que, do céu, não diz e não faz nada para impedir o sacrifício em curso.

> Meu Deus, meu Deus, por que me abandonaste? (Mt 27,46; Sl 22,2).

Nesses momentos, nos quais orar é também um pouco morrer, existe uma estrada a ser percorrida, já indicada pelo grito de Jesus, que não para de oferecer a sua voz ao Pai. Voltando ao salmo, descobrimos que o orante encontra um modo para não ficar confinado naquilo que tem o risco de se tornar um monólogo estéril e triste. De repente, exatamente no momento de maior desconforto, a sua voz atinge a memória do tanto que Deus fez para o povo de Israel ao longo dos séculos, manifestando a grandeza do seu amor. Essa lembrança é suficiente para recomeçar a falar com Deus, tratando-o familiarmente, o que permanece sendo sempre o grande perigo a correr toda vez que a oração se torna uma batalha exaustiva contra a nossa vontade e a nossa sensibilidade.

> Lembro-me dos feitos do SENHOR,
> sim, recordo tuas maravilhas de outrora,
> penso em todas as tuas obras
> e medito em teus prodígios.
> Teu caminho, ó Deus, é santo:
> Que Deus haverá tão grande como tu?
> Tu és o Deus que fazes maravilhas,
> mostraste teu poder entre os povos (Sl 77,12-15).

Essa mudança de registro é suficiente para reencontrar força e vigor, transformando em diálogo uma oração que corria o risco de enrolar-se em si mesma. Não se trata de um estratagema linguístico, como se, para recuperar o fio do discurso, fosse suficiente modificar as palavras que dizemos. O salmo reflete um movimento muito mais profundo e pessoal, aquele de um coração que recupera a coragem – mesmo na desolação – de desafiar o silêncio e a ausência de Deus, tentando crer ainda na possibilidade de um diálogo fundado na confiança.

A segunda frustração que se pode encontrar na oração é aquele sentimento de inutilidade ou de ineficácia em respeito às necessidades e aos desejos que manifestamos a Deus. Somos bem conscientes de que o Senhor tem muitas questões para resolver e um número incalculável de filhos para tomar conta. Portanto, quando a nossa oração resta não ouvida, não devemos nos irritar imediatamente: a Deus podemos certamente dar o benefício da dúvida. Todavia, a paciência – sobretudo a nossa – tem certos limites que não mais conseguimos bem superar. Os evangelhos conservam a lembrança de um episódio em que a uma mulher ocorre exatamente isso quando encontra Jesus.

> Jesus saiu dali e retirou-se para os arredores das cidades de Tiro e Sidônia. De repente, uma mulher cananeia, que vinha daquela região, começou a gritar: "Senhor, Filho de Davi, tem piedade de mim! Minha filha está sendo terrivelmente atormentada pelo demônio". Mas ele não lhe respondia nenhuma palavra. Os discípulos se aproximaram e lhe pediram: "Manda-a embora, pois ela vem gritando atrás de nós". Jesus respondeu: "Não fui enviado senão para as ovelhas perdidas da casa de Israel". Mas ela veio, prostrou-se diante dele e disse: "Senhor, socorro!" E ele respondeu: "Não fica bem tirar o pão dos filhos e jogá-lo aos cachorrinhos". Ela porém disse: "Certamente, Senhor; mas também os cachorrinhos comem das migalhas que caem da mesa de seus donos". Então Jesus lhe falou: "Ó mulher, grande é a tua fé! Seja feito como desejas". E desde aquela hora sua filha ficou curada (Mt 15,21-28).

Jesus se encontra em translado, num território periférico habitado por pagãos. Apresenta-se a Ele uma mulher cananeia, que não pertence ao povo de Israel. sua filha é atormentada por um demônio e isso a leva a gritar e a suplicar a Jesus para que Ele a ajude. A reação de Jesus é fria: não diz e não faz nada. Até mesmo os discípulos ficam desconcertados perante esse modo de agir e decidem orar também eles ao Mestre para que intervenha de alguma maneira. Entre parênteses: lendo a súplica dos discípulos, tem-se a clara sensação de que não existe tanta compaixão pela mulher, mas só um certo incômodo por ela estar caminhando e gritando atrás deles.

Jesus para e responde, explicando que também a sua missão tem alguns limites, aqueles do povo de Israel a quem foi convidado pelo Pai. Nesse meio-tempo, a mulher consegue aproximar-se e se joga de joelhos diante de Jesus, repetindo o seu cordial pedido. Devemos admitir que já essa insistência é um grande chamado para saber gerir aqueles momentos – por vezes tão prolongados – nos quais Deus não parece dar nenhuma atenção à nossa voz. Mas o melhor ainda está por vir. Utilizando uma metáfora, com a qual os hebreus estavam acostumados a descrever as pessoas pagãs, comparando-as a cachorros, Jesus insiste com a mulher que ela não tem direito algum de pedir um "pão", que é, em primeiro lugar, destinado aos filhos. Em outras palavras, Ele está lhe dizendo a coisa mais feia que se pode ouvir dizer: você não tem o direito de receber o que pede.

Essa é, talvez, a fase mais crucial e exaustiva do caminho da oração: o momento em que percebemos que nós, diante de Deus, não podemos fazer quaisquer reivindicações com base em algo que somos ou fizemos. Ora-se para alcançar o reconhecimento da nossa absoluta pobreza diante do mistério da bondade divina. A mulher não reage mal, pelo contrário, diz a coisa mais bela que o nosso coração é capaz de crer e de confessar. Percebendo-se como somente uma cadelinha aos pés de uma mesa aparatada para outros, não se irrita de maneira alguma e fica à espera, abanando o rabinho, livre e tranquila. Fora da metáfora, essa mulher compreende que não podemos esperar receber na oração os mares e os montes que vamos desejando. Uma migalha de atenção é o suficiente para encher o nosso coração com o maior presente: sentirmo-nos reconhecidos por aquilo que somos e sermos compreendidos naquilo de que desesperadamente necessitamos.

Deus não espera nada além disto: ver-nos crer nele também quando não merecemos nada, mas nos descobrimos capazes de esperar, para depois talvez também receber, qualquer coisa que possa chegar a nós gratuitamente das suas mãos. Nesses momentos, a oração nos mostra que Deus não vê a hora de atender aos nossos desejos, finalmente purificados da urgência e do egoísmo. Antes de voltar ao Pai, o Filho nos prometeu que sempre dessa forma a alegria se assenhoraria de nós, no coração de cada autêntica e sofrida oração, a fim de que saibamos viver até o fundo: "Se permanecerdes em mim e minhas palavras permanecerem em vós, pedireis tudo o que quiserdes, e vos será dado" (Jo 15,7).

4
Comprometer-se

Ampliar a vontade

A oração não "serve" só purificar o nosso relacionamento com Deus, aprofundando os traços do seu rosto de Pai e aprendendo a pensar e a agir como seus filhos. Um dos seus frutos mais preciosos é a ampliação do horizonte dos nossos desejos, até compreender não só aquilo que nos pode agradar, mas também beneficiar os outros. Num tempo como o nosso, em que corremos o risco de achatar as nossas necessidades imediatas ouvindo só a nossa sensibilidade, ou ainda ignorarmos o nosso sentir realizando esforços de vontade insanos, a oração poderia ser erroneamente entendida como um instrumento para melhorar o nosso bem-estar. Nesses termos, a meditação viria a ser um momento intimista, no qual tentamos resolver as nossas feridas internas e alcançar estados de serenidade para enfrentar melhor a vida. Seria uma visão redutiva e muito individualista daquilo que a oração é capaz de desprender. Para os cristãos, o primeiro lugar onde a oração cessa de se tornar um fato privado e se alarga a um respiro comunitário é a liturgia, de que a missa é talvez a expressão mais conhecida. Quando se está reunido em uma assembleia, a oração transforma-se imediatamente num ato comum em que se manifesta um dos traços imprescindíveis da nossa pessoa: não somos só indivíduos, mas também um corpo cujas conexões, embora invisíveis, são absolutamente reais. Talvez é por isso que Jesus, ensinando-nos a chamar a Deus de Pai, quis adicionar o adjetivo "nosso", a fim de nos recordar que ninguém tem o direito de sentir-se tão especial para esquecer-se que também os outros são iguais a nós. Uma coisa que acontece na liturgia – mas deveria ocorrer também na oração pessoal – é que não elevamos a nossa voz a Deus somente para as nossas necessidades, mas também pensando nas necessidades de quem está no caminho conosco e conosco em direção ao reino: os nossos irmãos e irmãs na humanidade, especialmente os mais pobres, os doentes e os desventurados. Fazemos esse tipo de intercessão de muito bom grado quando nos encontramos numa posição de força, recordando-nos de alguém que está mal enquanto nós estamos bem. Ou então quando oramos para situações distantes de guerra, injustiças e cataclismas que, mais do que tudo, não nos dizem respeito. Contudo, o que acontece quando chega o momento de dobrar os joelhos e espremer o coração para atravessar uma situação de prova na qual estão em jogo a nossa pele e o nosso destino?

De noite, antes de entrar no seu mistério pascal, Cristo faz uma experiência insuperável e paradigmática desse tipo de oração, mostrando-nos o que significa ampliar os limites da nossa vontade para imergirmo-nos livremente na dinâmica do amor maior.

> Chegaram a um sítio chamado Getsêmani e Jesus disse a seus discípulos: "Sentai-vos aqui enquanto vou orar". Levou consigo Pedro, Tiago e João, e começou a sentir medo e angústia, e lhes disse: "Minha alma está triste até à morte. Ficai aqui e vigiai" (Mc 14,32-34).

Nos momentos em que nos sentimos tristes e assustados, fazemos frequentemente a escolha de nos isolar, na tentativa de recuperar força e otimismo, abrigados de olhares indiscretos. Trata-se de uma opção não só legítima, mas também necessária, quando se precisa crescer aceitando o peso de algumas frustrações e solidões. A oração que Jesus começa a realizar diante do grupo todo dos Doze e, em particular, sob o olhar de três deles, nos lembra que a fragilidade não deve só ser vivida à parte, mas também em comunhão com os amigos mais queridos que acompanham o nosso caminho. Em algumas passagens delicadas, orar significa permitir a alguém estar perto de nós sem ter que dizer ou fazer nada, para não estarmos sós enquanto estamos vivendo e sofrendo. Os discípulos são convidados a ficar próximos do Mestre deles para aprender com Ele até aonde pode levar a oração mais dilacerante e sofrida, aquela do abandono filial à vontade do Pai.

> Adiantou-se um pouco, caiu por terra e pedia que, se fosse possível, passasse dele aquela hora. Ele dizia: "*Abbá*, Pai, tudo te é possível: afasta de mim este cálice, mas não seja o que eu quero, senão o que tu queres" (Mc 14,35-36).

Como pode, antes da paixão, Jesus mergulhar nessa dor absurda que se apresenta, naquele momento, totalmente interior? Em parte, trata-se certamente do desconforto humano para o clima de desconfiança e de ódio que o circunda. Contudo, isso não basta para explicar a intensidade de um sofrimento que, segundo o Evangelho de Lucas, chega a manifestar-se até mesmo num suor "como gotas de sangue caindo por terra" (Lc 22,44). É impossível entender algo dessa oração sofrida sem falar do pecado e da tentação. Jesus não era um pecador e não podia nem mesmo ser, porque era Deus. Contudo, enquanto homem, teve de lidar com o pecado havendo assumido uma "carne de pecado", isto é, a nossa humanidade com a sua sensibilidade ferida e enfraquecida, como escreve o autor da Epístola aos Hebreus.

> Por isso convinha que em tudo fosse solidário com os seus irmãos, a fim de ser um Sumo Sacerdote misericordioso e fiel nas coisas de Deus, para expiar os pecados do povo. Pelo fato de ele mesmo ter sido tentado, pode ajudar os que são tentados (Hb 2,17-18).

Mesmo sendo Deus, quis despojar-se de cada privilégio para fazer-se como um de nós e assim nos abrir uma estrada para poder percorrer a selva escura em que nos perdemos. Qual era o mal do qual nós, seres humanos, precisávamos ser salvos? A incapacidade de confiar-nos a Deus e obedecer à sua voz. A oração de Jesus no Getsêmani é um ato de obediência em que ocorreu a renúncia à própria vontade em nome de uma vontade maior, necessária para enfrentar o mistério do mal e da dor. Nós, hoje, percebemos qualquer vontade externa como uma espécie de força arbitrária e absurda que, mortificando a nossa inteligência e a nossa sensibilidade, conduz-nos a fazer coisas estranhas ao nosso desejo. Segundo a Bíblia, a vontade de Deus não tem nada a ver com um comando injustificado e caprichoso, que o homem deveria aceitar com a mais elevada resignação. O que Deus quer coincide com o desejo do homem, com a sua aspiração e a sua alegria. Jesus, desde o seu batismo, colocou-se em escuta a esse desejo que enchia o seu coração de amor e benevolência para cada criatura amada pelo Pai. Jesus era o desejo – portanto, a vontade – de amor de Deus para o mundo e essa consciência crescia nele a cada passo e a cada oração. Quando, porém, amar o mundo comportou a aceitação de uma dor infinita, ligada à rejeição e à morte, a carne humana de Jesus entrou num terrível espaço de prova.

> Ele, nos dias de sua vida mortal, dirigiu preces e súplicas, entre veementes clamores e lágrimas, àquele que o podia salvar da morte, e foi atendido por sua piedade. Embora fosse Filho de Deus, aprendeu a obediência por meio dos sofrimentos. Tendo chegado à perfeição, tornou-se causa de salvação eterna para todos os que lhe obedecem (Hb 5,7-9).

Para obedecer à sua missão, também na iminência da morte, Jesus entrou na oração mais exigente e libertadora, a ponto de se tornar o primeiro homem em que a plenitude e a universidade do amor de Deus puderam manifestar-se livremente. Gritando e chorando, a ponto de suplicar para ser poupado da dor humana, Jesus foi atendido de modo paradoxal. O Pai não evitou a sua morte, mas o fez tornar-se o Salvador do mundo. Por meio dessa oração, Cristo nos revelou aonde pode nos conduzir cada oração: até descobrirmos a força para fazer todo o bem possível, mesmo quando tudo e todos parecem revoltar-se contra nós. O cálice que Jesus bebeu nessa oração é um cálice amargo, porque aparentemente contrário ao nosso gosto e à nossa expectativa. No entanto, é o único capaz de tornar patente em nós a percepção de um gosto posterior: o sabor de coisas impossíveis para as nossas forças, no entanto possíveis à nossa humanidade. Aquelas que, no fundo, o nosso coração deseja porque nelas se manifesta a nossa radical natureza do amor.

Arriscar a vida

A oração de Jesus no Getsêmani nos mostrou o quanto a vontade de Deus pode nos encaixar com os nossos desejos, no entanto é a maior e mais concreta oportunidade para finalmente sermos nós mesmos. Ao mesmo tempo, trouxe à luz como não é possível perseverar na oração sem assumir para si a responsabilidade de fazer todo o bem possível que compete exatamente a nós realizar. A Escritura contém uma história que lança mais luz sobre essa exigência da oração, mostrando-nos a impossibilidade de colocar as coisas nas mãos de Deus sem senti-las plenamente presentes também nas nossas.

É a história de Ester, contida num livro que, na tradição hebraica, costuma ser lido durante a Festa de Purim, que em hebraico quer dizer "sortes". Nessa festividade, recorda-se, de fato, um evento de salvação para o povo hebraico em que o destino, de repente, se inverte, derrubando todos os prognósticos. Durante o exílio na Pérsia, os judeus são ameaçados de extermínio por causa do ódio do grande vizir, o pérfido Amã. A salvação chegará pela intercessão de Ester, uma jovem órfã hebreia que se torna rainha da Pérsia, ajudada pelo tio Mardoqueu. As sortes se inverteram para todos: Amã é enforcado, Mardoqueu toma o seu lugar e o povo hebreu se salva da sentença de morte.

O livro nos chegou em duas recensões: uma em hebraico, outra em grego. A diferença entre os dois textos é notável. A versão hebraica, mais breve e enxuta, não contém jamais o nome de Deus, nem alguma referência a Ele, à Lei, à Aliança ou a qualquer instituição judaica. De fato, segundo os rabinos, esse livro não "suja" as mãos de quem o lê, isto é, não contamina com o transcendente. A mais extensa tradução em língua grega procura suprir essa falta, introduzindo a referência a Deus, as orações e todas aquelas marcas narrativas com as quais se costuma deixar "religiosa" uma história. Mesmo que essa segunda recensão ofereça maiores seguranças para elaborar um pensamento religioso, a versão hebraica reserva melhores surpresas para quem está disposto a ler, nas entrelinhas, o mistério de Deus que se esconde nas dobras dos acontecimentos humanos. A primeira mensagem do livro, de fato, é exatamente esta: Deus por vezes está tão escondido no acontecimento humano que parece não estar lá. Todavia, nós seguramente lá estamos, e isso pode ser suficiente.

A primeira personagem que entra no drama desse discernimento é a rainha Vasti. Convidada a exibir o seu corpo, no ápice das celebrações de poder e de pompa do rei Assuero, Vasti decide permanecer fiel a si mesma com uma solene recusa. A coragem de não dobrar os joelhos aos caprichos do rei e dos seus comensais manifesta Vasti como uma mulher livre para lançar por terra a máscara da sedução e para sair íntegra do carnaval do poder. De sinal trocado é Amã, mesquinha figura de homem tão cobiçoso de poder que não percebe ser escravo antes ainda de possuí-lo. Aborrecido pela conduta de Mardoqueu, que não se curva à sua presença, Amã dá pleno desabafo à sua ira, chegando a urdir o extermínio de todo o povo hebreu.

Perante o cenário desse poder contestado e cobiçado, destaca-se a figura de Ester. Convidada pelo tio Mardoqueu a participar das seleções para a escolha de uma nova rainha, a bela filha de Israel não coloca recusa alguma. Inicia, de tal modo, um jogo de máscaras e travestimentos que levará a jovem hebreia a mudar o seu aspecto, antes para o de refinada e sedutora concubina, depois para o de esplêndida rainha da Pérsia. Paradoxalmente, será exatamente essa capacidade de transformação que garantirá a Ester uma completa fidelidade a si mesma e ao seu povo. O jogo de máscaras não é, para Ester, um exercício de estilo, mas um modo para velar a sua identidade, na espera do momento oportuno de poder finalmente revelá-la. E o momento oportuno, como sabemos, sempre chega. Quando Mardoqueu fica sabendo que Amã conseguiu fazer o rei assinar o decreto para o extermínio de todos os judeus presentes na Pérsia, rasga as vestes e procura informar Ester e pedir a sua ajuda em favor do povo. A rainha tenta declinar do pedido, ressaltando que ninguém pode comparecer à vista do rei sem ser chamado, de outra forma pode ser levado à morte, a menos que o rei estenda em sua direção o seu cetro de ouro, caso no qual terá a vida salva. Mardoqueu replica, convidando a sobrinha a não ter medo de expressar a parte mais nobre de sua humanidade.

> "Não imagines que, por estares no palácio, serás a única a escapar dentre todos os judeus. Pelo contrário, se te obstinares a calar agora, de outro lugar se levantará para os judeus a salvação e libertação, mas tu e a casa de teu pai perecereis. E quem sabe se não foi em vista de uma circunstância dessas que foste elevada à realeza?" (Est 4,13-14).

Mardoqueu recorda a Ester que a vida está nas mãos de Deus, o qual é capaz de fazer surgir ajuda e libertação de mil modos, mediante a realidade. Ester não se deve sentir obrigada a fazer algo, mas deve sentir a responsabilidade de poder realizar um gesto de solidariedade para com o povo. Ester não deixa a súplica perdurar e comunica a Mardoqueu o que o seu coração prontamente decidiu.

> Então Ester mandou responder a Mardoqueu: "Vai reunir todos os judeus de Susa. Jejuai por mim. Não comais nem bebais durante três dias e três noites. Eu e minhas servas também jejuaremos. Depois disso e apesar da proibição, irei até o rei; e, se for preciso morrer, morrerei" (Est 4,15-16).

Nesse ponto da história, as duas versões do texto se diferenciam de maneira significativa. Na recensão grega, Ester procura refúgio em Deus e suplica a Ele com um fluxo de palavras. Antes de suplicar a Deus com todas as suas forças, reencontra um contato autêntico consigo mesma: tira os vestidos de luxo e coloca aqueles de luto; no lugar dos perfumes, borrifa a cabeça com cinzas e imundícies; então se imerge numa prolongada oração. Os ritos preparatórios – de que frequentemente descuidamos quando oramos – dizem já a substância da relação que Ester pretende estabelecer com o Senhor. Tirando a máscara da rainha e colocando aquela de penitente, Ester confessa com o corpo, não só com palavras, a sua condição de fragilidade e vulnerabilidade. Antes de expor a Deus os seus pedidos, Ester não descuida de se expor diante dele em toda a sua fraqueza.

Reencontrar, antes de tudo, nós mesmos, na oração, é fundamental para não correr o risco de dirigirmo-nos a Deus com a intenção de sermos autorizados a viver menos intensamente os fatos que nos dizem respeito. Depois de ter confessado a glória e a grandeza de Deus e ter-lhe pedido para guardar o seu povo, Ester pede a Deus não a solução para o problema, mas a força para poder enfrentá-lo, expondo-se em primeira pessoa.

Recorda-te, Senhor, manifesta-te no dia de nossa tribulação! A mim, dá-me coragem, Rei dos deuses e Senhor de toda autoridade. Põe em minha boca uma linguagem atraente, quando eu estiver diante do leão, e muda seu coração, para que odeie o nosso inimigo e faça perecê-lo com todos os seus cúmplices. A nós, porém, salva-nos com tua mão e vem em meu socorro, pois estou só e nada tenho fora de ti, Senhor! (Est 4,23-25).

A oração de Ester não é somente bela esteticamente, mas é também espiritualmente adequada. Nela não encontramos o infantil desabafo do medo diante da – presumida – potência de Deus, mas a adulta tomada de responsabilidade que Ester exprime, bem consciente de que a primeira salvação a ser pedida a Deus é aquela de serem libertados do medo. A oração é uma arte necessária, mas arriscada. Se nos apaixonamos em demasia pelas palavras e pelos gestos que fazemos diante de Deus, podemos também perder aquela ligação com a vida que, por outro lado, as nossas súplicas devem manter. Podemos chegar também a orar "só por orar", porque, no fundo, é bonito fazê-lo e porque amamos embalarmo-nos na esperança de que existe um Deus disposto a nos proteger e ajudar, tão logo pedimos. Porém, aquilo que nos acontece quando nos colocamos em oração é mais parecido com perder progressivamente cada ilusão do que com acumular grandes certezas. Certamente,

Deus pode e quer nos ajudar cada vez que o invocamos, sobretudo quando nos encontramos perdidos e assustados frente às armadilhas da vida. Todavia, a maior ajuda que Ele está disposto a nos dar não é jamais a de fazer as coisas em nosso lugar, mas de nos ajudar a exterminar o medo de viver intensamente a ponto de permitir expormo-nos ao risco de morte.

Na versão da Bíblia hebraica, não há orações da parte de Ester, mas só o momento de jejum que faz em comunhão com o seu povo. Esse rito penitencial – tão caro a qualquer tradição religiosa – não é o gesto com o qual buscamos mover por misericórdia o Céu, curvando a sua atenção às nossas necessidades. Ao contrário, exatamente prescindindo da nutrição necessária, expressamos a confiança de que, na realidade, Deus está já presente, com a grande capacidade de nutrir cada situação com a sua providência. Praticando a abstinência de comida junto ao povo, Ester manifesta toda a sua confiança em Deus. Não se precipita imediatamente para o rei, mas prefere esperar, deixando o medo derreter como a neve ao sol. Nós, por vezes, somos demasiadamente interventistas quando as situações nos metem em desconforto, impulsionados pelo terror de que algo possa nos ser roubado. Para nos livrarmos do perigo, imediatamente buscamos fazer algo, geralmente piorando a situação. Ester toma distância da pressa e do medo, deixa maturar as coisas – também as suas próprias convicções – antes de realizar aquilo que sabe que pode e deve fazer. O seu jejum, pois, é já uma verdadeira oração a Deus, porque manifesta um altíssimo grau de compromisso com a realidade. De fato, com ou sem oração, o que a Deus mais importa é que nós vivamos sempre e que o façamos com a maior liberdade e a maior intensidade possíveis.

Embora seja a nossa vontade descarregar sobre Deus os pesos mais insuportáveis da vida, a oração e o jejum nos educam a assumir gradual e livremente o fardo maior que Deus nos reservou: a capacidade de fazer (as coisas) também sem Ele. Alguns místicos são persuadidos de que isso é até mesmo a maior homenagem que podemos reservar a Deus: agirmos e comportarmo-nos como se só nós existíssemos, sabendo bem que Deus, na realidade, não deixa jamais de existir. Trata-se de um sublime paradoxo: exatamente quando estamos dispostos a prescindir de Deus, podemos agir numa perfeita sinergia com a sua vontade. Ester e Mardoqueu fizeram tudo o que puderam, deixando depois nas mãos de Deus o êxito da história.

Esse é o grande desafio que a oração nos restitui: avançar na realidade não só quando estamos seguros para fazer a coisa certa, mas também quando percebemos que é a nossa vez de agir. Ester não sabe precisamente como as coisas vão acabar. Tem ela uma única certeza: não se expor e não estar disposta a arriscar a vida é a única escolha a não ser feita. A história encaminha-se com velocidade em direção a um final feliz: Assuero acolhe a súplica de Ester, o povo de Israel se salva, Amã vai à forca. É a confirmação de que só assim as sortes – isto é, as situações – podem verdadeiramente mudar: quando, atravessando a ponte estreita da oração, nos descobrimos capazes de nos lançar nas escolhas que nos (a)guardam, aceitando delas todas as consequências, até mesmo a de poder morrer, para incrementar a vida e a esperança para todos.

Confiar no bem

Se a oração é o lugar onde a nossa vontade pode ser ampliada, a ponto de nos tornar capazes de viver, com a máxima intensidade possível, as ocasiões da vida, entendemos por que permanecer nela só pode ser um caminho muito exigente. Não se trata só de afrontar o medo nos confrontos daquilo que nos pode acontecer, se nos expomos a Deus com consciência crescente. Depois dos fáceis e lineares momentos iniciais, a oração se torna uma experiência desafiadora porque tudo aquilo que começa a acontecer, fora e dentro de nós, mostra-se contrário a todas as expectativas e foge sistematicamente a cada tentativa de controle nossa.

Entre os tantos textos que na Bíblia têm prefigurado esse tipo de caminho, no qual a nossa vontade entra progressivamente naquela de Deus, há alguns particularmente luminosos, definidos como os "Cantos do Servo do Senhor", presentes no Livro do Profeta Isaías. Trata-se de composições poéticas em que é apresentada a figura de uma personagem anônima, a quem Deus confia a tarefa de levar a sua salvação num mundo gravemente marcado pelo mal e pela injustiça.

No primeiro desses quatro cantos, o servo é apresentado como alguém de que o Senhor Deus se compadece e a quem confia o seu Espírito em vista de uma importante missão. A prospectiva da missão é salvífica, totalmente imersa na luz de uma grande esperança a favor de um monte de desventuras.

> Eu, o SENHOR, te chamei com justiça, e tomei-te pela mão; eu te formei e te fiz como aliança do povo, como luz das nações, a fim de abrires olhos cegos, tirares do cárcere os presos e da prisão os que moram na escuridão (Is 42,6 -7).

A tarefa confiada ao servo é a insígnia da vida e da alegria, uma boa obra que se dirige a quantos se encontram em condições de doença e de opressão. As imagens usadas pelo profeta são simbólicas e aludem a todos os momentos nos quais a vida humana é mortificada pela experiência do sofrimento, pela injustiça e pelo pecado. Perante tudo isso, o servo percebe uma chamada do Senhor, que o autoriza a levar nessa escuridão a esperança de uma luz e de uma obra de cura. Todavia, a missão não pode ser feita de qualquer modo, mas ocorre observar escrupulosamente algumas indicações de método.

> Não gritará, não levantará a voz e não fará ouvir sua voz pelas ruas. Não quebrará o caniço já rachado nem apagará a mecha que ainda fumega; com fidelidade levará o direito (Is 42,2-3).

O servo é convidado a remediar as feridas e a lutar contra o mal, mas sem fazer o mínimo recurso à violência. Não poderá gritar, não deverá ser agressivo, não se deixará ser tomado pelo fascínio de destruir tudo para recomeçar do zero. A sua missão é delicada, consiste no adentrar a escuridão e procurar todo o bem residual para tentar curá-lo e ampliá-lo. Tudo isso que o mal conseguiu ferir e mutilar precisa ser embrulhado por uma força suave do bem para poder tornar a viver. A fim de realizar essa missão, cabe agir segundo uma lógica de suavidade e de atenta compaixão. A lógica de Deus, que é o amor, põe-se sobre um outro plano concernente àquela da violência. Para vencer precisa perder, para dar vida cabe ser vulnerável perante o devastador fascínio do mal. Se se aceita jogar a partida nesses termos, é evidente que o mal parecerá, a um certo ponto, estar vencendo e triunfando. Todavia, só absorvendo a violência sem ceder à tentação de restituí-la pode acontecer algo de novo e o mal pode ser interrompido. O servo é chamado a ser um caçador de vida e de beleza entre chamas pálidas e juncos rachados. Deve fazê-lo não em condições ideais ou idílicas, mas em meio à presença do mal que, nesse meio-tempo, continua a lançar os seus golpes. O único modo de salvar o junco rachado é procurar as suas partes ainda saudáveis, para protegê-las e sustentá-las. Se se quer garantir à chama pálida a possibilidade de continuar ardendo, ocorre defender a sua tênue vitalidade e oferecer-lhe mais oxigênio, para que o processo de combustão possa continuar.

O servo é chamado a ter uma inabalável confiança face a esses aspectos de fragilidade que se apresentarão aos seus olhos. Para fazer isso, não poderá ser outra coisa que uma pessoa profundamente reconciliada com a própria fraqueza e, então, capaz de acolher e guardar aquela de outros, a ponto de salvá-la oferecendo antes de tudo um olhar de esperança. Essa reconciliação interior consente ao servo suportar o mal sem deixar-se contagiar pela sua lógica. O canto traça o perfil de um homem capaz de orientar a sua força não para com as formas da intransigência e da inflexibilidade, mas encarnando uma robusta doçura e uma madura capacidade de compaixão.

Conforme o servo segue no seu itinerário, a sua parábola entra numa dimensão de sofrimento e de solidão. Utilizando só o bem para combater o mal, ele começa a ter a percepção da aparente inutilidade da sua missão. É o que se diz no segundo canto do servo do Senhor.

> Disse-me: "Tu és meu servo, Israel, em ti manifestarei minha glória". Enquanto eu pensava: "Em vão me cansei, inutilmente e por nada consumi meu vigor" (Is 49,3-4).

Essas palavras descrevem uma experiência universal e compreensível por quem quer que se tenha aventurado na oração a ponto de abraçar a lógica de Deus, pondo a sua vida em atitude de serviço aos outros. Passados os primeiros fáceis entusiasmos, tem-se a sensação de girar em falso, sem chegar a parte alguma e sem juntar nada, a despeito dos grandes esforços empreendidos. As contradições, as dificuldades e os problemas aparecem como montanhas intransponíveis. Sente-se só, desolado e derrotado. É a crise a que a oração conduz cada servo do Senhor e cada serviço consumado no seu coração.

Essa passagem é inevitável e necessária, para que a obra consumada pelo servo esteja verdadeiramente à disposição de Deus e possa contribuir com seu plano de salvação. Quando, de fato, nos sentimos realizados e satisfeitos só por aquilo que fazemos, talvez estamos gozando simplesmente do futuro dos nossos esforços e a nossa missão coincidindo ainda com os nossos projetos. Quando as coisas não acontecem como deveriam ou como esperamos, é muito provável que estejamos iniciando a servir ao projeto salvífico de Deus, de que não podemos sempre entender e compartilhar cada detalhe.

Definindo "em vão" o seu trabalho para o Senhor, o servo não descreve uma realidade completamente negativa. Na língua hebraica, o termo usado por Isaías não significa "inútil", mas "removido da possibilidade de uma verificação". A sensação de esforço em vão coincide, então, com aqueles momentos em que a nossa perseverança no caminho do Senhor nos está fazendo caminhar em estradas que estão fora dos nossos horizontes e dos mapas dos nossos navegadores.

O servo tem a sensação de inutilidade porque a sua vida está finalmente movendo-se no cenário da salvação de Deus. O Reino de Deus cresce e se desenvolve segundo uma lógica que, com frequência, está em contraposição com o nosso bom senso e com o nosso instinto de autoconservação. Basta pensar na cruz do Senhor. Naquele momento, a sua missão coincidiu com o mais barulhento dos fracassos a partir de um ponto de vista humano. Nenhuma confirmação, nenhuma adesão, nenhuma aprovação. Realmente, era a sensação de um abandono também da parte de Deus. No entanto, aquele exato momento é a pedra angular da nova criação, o momento em que Deus começou a fazer novas todas as coisas.

Não temer o mal

O terceiro canto relata como o servo, prosseguindo na sua missão, vai ao encontro da rejeição da parte dos homens, experimentando na própria pele um grande sofrimento e um íntimo tormento. Para encontrar as razões desse trágico destino, é preciso entender por que quem está na escuridão e no sofrimento se mostra assim tão hostil e refratário à obra de salvação. O tema é recorrente no Evangelho e também Jesus experenciou isso pessoalmente: os doentes mais graves são os que não estão cientes de o serem; as pessoas mais ferozes e violentas são aquelas que se consideram justas. Para isso, a missão do servo entra em choque com a rejeição e a violência: a luz que ele carrega pretende alcançar quem está, de sua própria e livre vontade, na escuridão.

É uma ingenuidade tamanha pensar que o bem possa suscitar imediatamente outro bem. Isso acontece quando se está perante um coração puro, reconciliado e remediado. Geralmente, o bem faz emergir raiva e ódio, inveja e agressividade, porque desmascara a escuridão, indicando um caminho melhor, como diz Jesus a Nicodemos no diálogo noturno entre eles: "Pois todo aquele que faz o mal odeia a luz e não se aproxima da luz, para que suas obras não sejam desmascaradas" (Jo 3,20). O servo, porém, não recua, mas decide continuar com sua missão.

> Entreguei minhas costas aos que me batiam, e minhas faces aos que me arrancavam a barba; não escondi o rosto aos ultrajes e às cuspidas (Is 50,6).

O servo persevera no caminho indicado pelo Senhor, renunciando a qualquer rota de fuga. Aceita virar rejeitado para viver sem reservas a sua missão mesmo quando começa o tempo de sofrimento. Para fazer isso, é obrigado a beber o cálice amargo da renúncia, deixando-se destruir pela violência até fazer-se odiado sem razão alguma.

No último canto, fala-se da morte do servo, em um trágico epílogo de paixão e de morte. O texto abre-se com um oxímoro que fornece também a chave interpretativa de todo o itinerário realizado por ele.

> Olhai! O meu servo será bem-sucedido, subirá, será exaltado e elevado bem alto. Assim como muitos se sentiram horrorizados à vista dele, – tão desfigurado ele estava que já não parecia homem, e seu aspecto já não era o de um ser humano – do mesmo modo muitos povos se admiram, diante dele os reis ficam mudos; pois vêem o que jamais lhes foi contado, e contemplam algo inaudito (Is 52,13-15).

Enquanto é desfigurado pelo mal recebido, a ponto de não mais parecer humano, o servo é apresentado como um que na falência é honrado, exaltado e elevado. Realmente, os reis e os poderosos da terra fecham a boca perante ele, em sinal de respeito e espanto. Essa capacidade de absorver e derrotar o mal não se pode improvisar, mas se matura lentamente, passo após passo, por meio da oração e do ouvir a Palavra de Deus: "Ele crescia na sua presença como um broto, como raiz em terra seca" (Is 53,2). Aprendendo a habitar o próprio deserto interior, imergindo-se no mistério da própria fraqueza e do próprio limite, o servo se torna "homem das dores e habituado à enfermidade" (Is 53,3).

Essa suavidade interior consente ao servo deixar-se manipular pela violência dos seus inimigos, permitindo ao Senhor fazer "cair sobre ele os crimes de todos nós" (Is 53,6). Isso não significa que o servo recebe uma punição que, na realidade, não lhe cabia, mas que nele, no seu corpo e na sua alma, o mal chega sem conseguir partir porque a sua linguagem é aquela do amor e do perdão. Certamente o mal pode destruir o servo, mas não pode acionar, da parte dele, alguma resposta má e violenta. Ao término de seu itinerário, o servo descobre ter realizado a obra espiritual mais nobre e potente de que a nossa humanidade é capaz: a oração de intercessão, pois ele

> entregou sua vida à morte e se deixou contar entre os rebeldes, quando na realidade carregava o pecado de muitos e intercedia em favor dos rebeldes (Is 53,12).

Exatamente no momento em que viveu uma pobreza extrema, de sucesso e de reconhecimento, o servo pôde absorver o mal em si mesmo, transformando-o e fazendo-o tornar-se uma possibilidade de salvação para muitos. A oração de intercessão se realiza só assim, na moldura de uma abdicação de si mesmo e em uma concreta solidariedade com os irmãos e para com o pecado deles. Interceder, de fato, não significa ajoelhar-se diante de Deus para convencê-lo a usar de misericórdia ou para mostrar-lhe alguns casos particularmente necessitados da sua atenção. Deus está já abundantemente convencido de querer fazer o bem e tem os olhos bem abertos e atentos para cada criatura sua. Interceder significa, na verdade, convencer o nosso coração da suave bondade de Deus a ponto de tornarmo-nos a nós mesmos aquele seu desejo de bem. Chegar à oração de intercessão significa conseguir encarnar, sem medo e sem vergonha, aquele profundo desejo de salvação que Deus nutre para todos os seres humanos e viventes. Aquele que intercede oferece os seus membros, a sua carne e o seu sangue, com o fito de que o coração de Deus tenha uma tenda onde pode liberar a sua força de amor. Esse é o pico mais alto a que pode chegar o caminho da nossa oração: deixar ser amado e chamado por Deus com tal intensidade a ponto de tornarmo-nos, no tempo e no espaço, uma morada onde habita a sua inabalável esperança de vida para todas as criaturas.

5
Perder o controle

Ver Deus

Qual é o fim último da oração? A grande resposta da tradição espiritual, não só cristã, é uma só: contemplar o rosto de Deus. Não se trata só de "espreitar" algo do Eterno já neste mundo, mas de chegar a uma consciência do seu mistério depois de ter maturado uma certa experiência no curso da vida. Esse ponto de chegada, a que a oração pode conduzir, está perfeitamente alinhado com o percurso proposto até aqui nas páginas deste livro. Se orar significa descobrir-se habitado pelo Espírito, deixar-se purificar o olhar pela sua chama do amor, para depois envolver-se nas circunstâncias da vida com plena responsabilidade, então podemos dizer que o fruto de uma oração autêntica só pode coincidir com uma profunda consciência de Deus.

Na Antiguidade, "conhecer" e "ver" eram consideradas duas experiências muito afins, tanto que, em algumas línguas, por exemplo o grego, os dois verbos compartilham a mesma raiz. Na Bíblia, o tema do conhecer/ver Deus se apresenta sob a sombra de um grande receio e também dentro de uma certa ambiguidade. Por um lado, os textos sacros afirmam que a visão de Deus é uma experiência inacessível ao ser humano, como atesta o diálogo entre Moisés e o Senhor sobre o Monte da Aliança.

> Moisés disse: "Mostra-me a tua glória!" E o SENHOR respondeu: "Farei passar diante de ti toda a minha bondade e proclamarei meu nome, 'SENHOR', na tua presença, pois favoreço a quem quero favorecer e uso de misericórdia com quem quero usar de misericórdia". E acrescentou: "Não poderás ver minha face, porque ninguém me pode ver e permanecer vivo". O SENHOR disse: "Aí está o lugar perto de mim! Tu ficarás sobre a rocha. Quando a minha glória passar, eu te porei na fenda da rocha e te cobrirei com a mão enquanto passo. Quando eu retirar a mão, tu me verás pelas costas. Minha face, porém, não se pode ver" (Ex 33,18-23).

Por outro lado, existem episódios bíblicos nos quais parece que a visão de Deus é concedida a algumas testemunhas pré-escolhidas. O primeiro é exatamente Moisés, junto a Arão e a outros anciãos de Israel: "viram o Deus de Israel. Debaixo dos pés dele havia uma espécie de pavimento de safira, límpido como o próprio céu. Ele não estendeu a mão contra os israelitas escolhidos; eles puderam contemplar a Deus e depois comeram e beberam" (Ex 24,10-11). Porém, já Abraão, sobre o monte da prova, tinha vivido um encontro com Deus e a sua vontade culminado em momento de visão recíproca: "Abraão passou a chamar aquele lugar 'o SENHOR providenciará'. Hoje se diz: 'No monte em que o SENHOR aparece.'" (Gn 22,14). E depois há o longo itinerário percorrido por Jó, que, passando através do mistério do sofrimento inocente, ao fim é obrigado a revisitar cada ideia que tinha feito sobre Deus e sobre a vida humana, confessando: "5Eu te conhecia só por ouvir dizer; mas agora meus próprios olhos te vêem" (Jó 42,5). Refletindo sobre esse paradoxo, de um Deus que não quer se deixar ser visto, mas não consegue ficar demasiadamente escondido, compreendemos como a perspectiva de chegar à contemplação do seu rosto pode ser verdadeiramente o horizonte no qual a oração amadurece o seu destino e alcança a sua feliz realização. De resto, é exatamente a revelação cristã a lançar uma última e definitiva luz sobre esse mistério de consciência inacessível, declarando possível a visão do Pai através da carne humana do Filho (cf. Jo 1,18).

Nas bem-aventuranças, Jesus legará a essa possiblidade de chegar à visão de Deus uma promessa de felicidade, quando dirá: "Bem-aventurados os puros de coração, porque eles verão a Deus" (Mt 5,8). Singular é o comentário do Pobre de Assis sobre essa passagem do Evangelho: "São verdadeiramente puros de coração os que desprezam as coisas terrenas, buscam as celestes e nunca desistem de adorar e de procurar o Deus vivo e verdadeiro com o coração e a mente puros" (Admoestação XVI). Com o evento da Encarnação do Verbo, não só foi rasgado o véu que mantinha escondida a imagem de Deus, mas até mesmo foi escancarada a oportunidade de colher a sua presença em cada coisa e em qualquer situação, a partir de uma luz e uma pureza interiores que se afinam exatamente por meio do caminho da oração.

Na tradição hebraica, podemos colher uma outra sugestão que nos faz compreender por que a visão do rosto de Deus é uma experiência se não proibida, ao menos muito proibitiva, apesar de nós, cristãos, acreditarmos poder considerá-la agora plenamente acessível em Jesus Cristo. Observando com atenção os textos sacros, os rabinos maturaram a convicção de que o rosto de Deus não era único, mas multíplice. O seu diferente modo de se pôr, de falar e de agir ao longo da história da salvação autorizou os comentadores de cada época a falar não só do "rosto", mas, sim, dos "rostos de Deus", com os quais o Altíssimo acompanha, corrige, consola e conforta o caminho dos seus filhos sobre as estradas do mundo. Eis uma outra e inteligente explicação do por que é impossível para o homem apossar-se da imagem do rosto de Deus. Se o homem ligasse a sua memória – então também as suas expectativas – a uma imagem de Deus condicionada por algumas circunstâncias, seria depois para ele difícil reconhecer o mesmo rosto em circunstâncias diferentes. Não é esse, no fundo, o grande problema também nas nossas relações humanas? Quando identificamos o outro dentro de um esquema e uma expectativa que construímos para nós, arriscamos esfriar o relacionamento expondo- -nos ao grande risco de não saber mais reconhecê-lo no momento em que ele é obrigado a exibir um rosto diferente para poder afrontar a realidade.

Eis por que, nos Evangelhos, a cura da vista é o milagre mais decisivo, como sublinha o Evangelista Marcos colocando bem dois episódios de restituição da capacidade de ver no coração do seu relato. O primeiro é aquele do cego de Betsaida, que vive uma cura em dois momentos. Ao término do primeiro momento, o cego consegue só ver os outros como árvores que caminham. Depois, uma segunda imposição das mãos da parte de Jesus, o milagre chega finalmente a cabo: "Ficou curado e podia ver tudo, mesmo de longe" (Mc 8,25). Esse prodígio acontece logo antes do reconhecimento de Jesus como o Cristo da parte de Pedro, a que será sucedido o primeiro anúncio da paixão que cegará imediatamente a vista de Pedro e dos outros discípulos. A divisão dos eventos é até muito clara: assim como o cego teve necessidade de dois momentos de cura para ver tudo claramente, também os discípulos serão capazes de contemplar o rosto de Deus em Cristo só depois da fase dramática da cruz.

No segundo relato, o valor simbólico do milagre aparece ainda mais evidente. Dois discípulos, os filhos de Zebedeu, tinham acabado de pedir a Jesus a possibilidade de sentarem-se a seu lado na glória. Jesus explica-lhes que tal não se podia solicitar, mas, sobretudo, que não é a pergunta que convinha fazer a Deus. Logo depois, na cidade de Jericó, surge um cego que parece, porém, saber bem qual é o pedido certo a ser formulado. À pergunta já dirigida aos dois discípulos ("O que queres que te faça?"), o cego responde com grande convicção: "Mestre, eu quero ver de novo!" (Mc 10,51). O senhor, neste caso, não precisa nem mesmo fazer nada: limita-se a ratificar o que a fé torna possível.

> E Jesus lhe disse: "Vai, tua fé te curou!" No mesmo instante ele começou a ver de novo e se pôs a segui-lo pelo caminho (Mc 10,52).

A contemplação a que a oração tende não é uma experiência isolada de bem-estar interior, na qual se esquece do esforço de viver e se imerge num quente colo espiritual. É, ao contrário, a capacidade de escancarar novamente os olhos sobre a realidade, a ponto de discernir uma estrada a ser percorrida também lá onde o medo de sofrer e o temor de errar conseguiam bloquear os nossos passos. Orar até ver Deus significa ter a força de se levantar e caminhar, na confiança de que é sempre possível recomeçar a viver a partir do que fomos e do que nos encontramos sendo, em uma reencontrada esperança de coração.

Reconhecer o amor

O caminho em direção à contemplação de Deus pode ser considerado a aventura mais entusiasmante de toda a vida. Enquanto seres mortais, porém marcados por um destino de eternidade, conseguir descobrir o nome, o rosto, a essência de nossa verdadeira origem e do nosso último destino representa com certeza o vértice de consciência a que podemos aspirar neste mundo. Resta perguntar-se como é que o caminho de uma oração capaz de conduzir-nos a esse ponto de chegada é na realidade tão longo e tortuoso, com êxitos que não podemos jamais considerar garantidos.

Entre os relatos de aparição do Ressuscitado conservados nos Evangelhos, um pode servir para esclarecer qual é o ponto crítico em que o itinerário da oração se pode abrir ou fechar para a experiência da visão/do conhecimento de Deus. Trata-se de um trecho muito conhecido, aquele dos dois discípulos que, depois da morte de Jesus, se encaminham tristes em direção a um vilarejo de nome Emaús, distante cerca de onze quilômetros de Jerusalém. Ao longo da estrada, eles conversam sobre tudo o que acabou de acontecer com o Mestre. Eles estão conscientes do fato de que Ele era um profeta poderoso em obras e em palavras, que fora julgado culpado pelas autoridades judaicas para depois ser condenado e crucificado pelo Império Romano e que agora se encontra num sepulcro, mesmo que algumas mulheres digam que ele saíra de lá e agora estava mais vivo que nunca. Conhecem tudo, até mesmo o presságio da ressurreição, mas ficam imersos na escuridão de um grande desconforto. Enquanto falam dessas coisas, "Enquanto conversavam e discutiam, o próprio Jesus se aproximou e pôs-se a acompanhá-los. Seus olhos, porém, estavam como que vendados e não o reconheceram" (Lc 24,15-16). A cena é sugestiva e provocatória: como assim, mesmo vendo o corpo de Jesus, os discípulos não conseguem contemplar o mistério da sua pessoa, agora ressuscitado e vivente exatamente do lado deles? A mesma pergunta poderia ressoar em outros termos para interpelar a experiência da oração: como assim, mesmo orando com constância e assiduidade, pode ocorrer de não se chegar jamais ao estado de contemplação? A reação de Jesus indica uma possível resposta.

> E Jesus lhes disse: "Ó homens sem inteligência e de coração lento para crer o que os Profetas falaram. Não era necessário que o Cristo sofresse tudo isso para entrar na sua glória?" E, começando por Moisés e por todos os Profetas, foi explicando tudo que a ele se referia em todas as Escrituras (Lc 24,25-27).

Os discípulos não conseguem entrar na contemplação do Ressuscitado porque o coração deles é afetado por duas doenças: a tolice e a lentidão no confiar em Deus e nas suas promessas. Esse, no fundo, é o motivo pelo qual os nossos olhos se apagam frequentemente diante da realidade. Não são as coisas que estão erradas, nem mesmo é que nós que somos imperdoáveis. É simplesmente o fato de que o nosso coração não consegue, ainda, colher a realidade profunda do que estamos vivendo. Tudo isso vale também para o caminho da oração. À medida que avançamos na meditação da Palavra de Deus, na recitação da oração, na participação nas liturgias, aproximamo-nos tanto de Deus que podemos desabrochar uma comunhão íntima e profunda com o mistério da sua vida. Todavia, fica uma última e decisiva passagem a ser realizada, para poder gozar da contemplação do seu rosto e experimentar a felicidade maior que neste mundo nos é concedida. Trata-se de crer que o modo de fazer de Deus é realmente a coisa mais linda e mais justa do mundo. Os discípulos de Emaús não estavam ainda convencidos disso. Para eles, a cruz era somente a negação de tudo aquilo que aguardavam e esperavam. Queriam uma ressurreição diferente, que não passasse pelo túnel do sofrimento e da morte. Não tinham ainda compreendido que a paixão de Jesus não tinha sido um incidente de percurso, mas a fase fundamental para que se pudesse manifestar a vida verdadeira, aquela capaz de amar também os inimigos. Jesus os toma pela mão e os ajuda a percorrer o trecho mais exigente e sublime da oração: aquele em que se chega a contemplar a imagem do amor crucificado, um modo de viver e de morrer capaz de derrotar a morte porque mais forte que o ódio.

Refletindo sobre esse episódio, podemos entender melhor o que podemos esperar da experiência da contemplação em sentido cristão. Se olhamos a etimologia latina, descobrimos que o termo é formado por duas palavras: a preposição *cum*, "com", e o substantivo *templatio*, que contém uma referência a *templum*, "templo", mas também à raiz *temno*, "recortar". Os antigos sacerdotes eram acostumados a fazer exatamente assim: "recortar" um pedaço do céu para poder depois examiná-lo à procura de uma mensagem divina capaz de revelar o futuro. Com o nascimento dos lugares de culto, essa atividade é transferida para dentro do templo, lugar de limite entre o céu e a terra, onde o tempo e o espaço se encontram com a transcendência de Deus. Nessa perspectiva, o contemplativo é alguém que consegue viver imerso na história concreta com um olhar sempre aberto à história eterna, que se revela em Jesus Cristo. O homem ou a mulher de oração não é, portanto, aquela pessoa que, tendo aberto bem o olhar para o mistério de Deus, pode dar-se ao luxo de fechar os olhos ao drama da realidade. Pelo contrário, é aquele que, tendo lançado o olhar com amor para o sinal da cruz e da ressurreição, sabe ver a presença de Deus mesmo onde outros só conseguem ver o mal e a injustiça. Ele é, fundamentalmente, um otimista, que não desanima porque sabe e acredita que em todas as situações, mesmo as mais incertas e dolorosas, Deus é capaz de levar adiante o seu plano de amor para todas as suas criaturas.

Esse modo de entender a contemplação é ainda mais explícito se olharmos para a etimologia grega do termo, que o Evangelista Lucas utiliza exatamente quando deve apresentar a morte de Jesus sobre a cruz como um "espetáculo" (Lc 23,48) diante do qual não se pode senão voltar para casa batendo-se no peito. O termo usado no Evangelho é *theoria*, que literalmente significa "ver na visão". Alude-se a um olhar que penetra o véu da realidade e se descobre capaz de reconhecer mais do que é simplesmente observável. Para os pais espirituais, ter o dom da *theoria*/contemplação significa tornarmo-nos capazes de observar tudo a partir da revelação de amor que Deus realizou na cruz do seu Filho.

Trata-se de um vértice de conhecimento e de visão altíssima, que consente a quem se torna participante disso de colher cada fragmento da realidade, sobretudo aquele mais ferido e desconfigurado, o mistério da misericórdia revelado do sangue do Filho de Deus crucifixado para o homem. Também nessa prospectiva, o contemplativo não é outro que o homem capaz de ter esperança sempre, também nas circunstâncias mais negativas e desfavoráveis, porque é agora participante daquele espetáculo de amor que Deus inaugurou na Páscoa do seu Filho e que não terá jamais fim.

À luz dessas referências, podemos dizer que contemplar Deus significa estimar o seu modo de ser e apreciar o estilo do seu amor a ponto de sabê-lo reconhecer sempre. Quando essa confiança surge como uma luz invencível nas profundezas do nosso coração, descobrimos poder viver tudo dentro dos confrontos de uma paz grande e composta. E percebemos querer experimentar e subscrever aquele destino de amor que outros homens e mulheres, antes de nós, viveram e testemunharam com o sangue da própria vida.

Ninguém jamais viu a Deus. Se nos amarmos uns aos outros, Deus permanece conosco e seu amor é perfeito em nós. Sabemos que estamos nele e ele em nós, porque ele nos deu o seu Espírito. Nós vimos e testemunhamos que o Pai enviou seu Filho como Salvador do mundo. Todo aquele que proclama que Jesus é o Filho de Deus, Deus permanece nele, e ele em Deus. Nós conhecemos o amor que Deus tem por nós, e nele acreditamos. Deus é amor, e quem permanece no amor permanece em Deus, e Deus nele (1Jo 4,12-16).

Livres e autênticos

Quais consequências comporta alcançar a visão do rosto e do mistério de Deus? Uma lenta e imparável transformação da nossa humanidade em direção àquela semelhança com Deus anunciada desde o princípio na Escritura. Enquanto os cristãos ocidentais falam desse processo em termos de santificação, os orientais preferem defini-lo como uma verdadeira e própria divinização do homem. Há dois indícios na Bíblia que nos autorizam a crer que esse seja verdadeiramente o destino a que conduz a arte de uma oração fiel e incessante.

> Caríssimos, somos desde já filhos de Deus, embora ainda não se haja manifestado o que havemos de ser. Sabemos que, quando ele aparecer, seremos semelhantes a ele, porque o veremos tal qual ele é (1Jo 3,2).

A visão de Deus, que inicia neste mundo e se realiza na eternidade, é um evento transfigurante. Enquanto fixamos o olhar sobre a natureza de Deus, que é o amor do Pai e do Filho no único Espírito, a nossa natureza de filhos amados toma a forma e amadurece, tornando-nos, por nossa vez, capazes de viver o mesmo amor. Também São Paulo está convencido disso, a ponto de comparar a glória do Senhor a uma força capaz de redefinir os contornos de tudo, principalmente os nossos alinhamentos.

> Todos nós, de face descoberta, refletimos a glória do Senhor como um espelho, e somos transformados nesta mesma imagem, sempre mais gloriosa, pela ação do Senhor, que é Espírito (2Cor 3,18).

Surge, então, uma pergunta: o que acontece se damos ao Espírito do Senhor, que age em nós durante a oração, a permissão de transformar-nos na própria imagem de Deus, fazendo assumir para a nossa humanidade os traços da sua divindade? O testemunho de quem se aventurou na oração mais do que qualquer outra pessoa – os santos – nos diz que a contemplação de Deus nos impele em direção a uma profunda libertação interior, na qual o nosso esforço não conta quase mais nada, enquanto é fundamental o nosso contínuo consentimento. O Espírito realiza os nossos desejos mais profundos, mas o faz num modo paradoxal, tudo diferente de como nós o imaginamos.

Um exemplo, entre todos, poderia ser aquela reencontrada liberdade interior que Cristo quer criar em quem se deixar ser interiormente guiado pelo seu Espírito: "O Senhor é o Espírito, e onde está o Espírito do Senhor há liberdade" (2Cor 3,17). Essa liberdade, que a Escritura define "total" (Hb 10,19) e plenamente "nossa" (Gl 2,4), é descrita pelos autores sacros como a definitiva possibilidade de viver como filhos – não mais como escravos – cada âmbito da nossa vida.

> Foi para a liberdade que Cristo nos libertou! Ficai, portanto, firmes e não vos curveis de novo ao jugo da escravidão (Gl 5,1).

Se não existe notícia mais linda que poder ser finalmente homens e mulheres capazes de manifestar a própria singularidade, devemos admitir que frequentemente somos exatamente nós o obstáculo maior para a expansão serena e responsável dessa liberdade garantida. A tentação de retornar aos esquemas e às lógicas assegurados, transmitidos a nós pelos outros e pela cultura em que estamos imersos, está sempre ao virar a esquina.

Por exemplo, hoje respiramos todos o mito do sucesso, porque, na sociedade de massa que construímos, o imperativo é o de sermos performantes para nos distinguirmos continuamente dos outros. Sem querer, mas também sem poder recusá-lo, vivemos numa espécie de competição coletiva onde se é obrigado a vencer ou perder, enquanto se faz um enorme esforço para permanecer simplesmente o que se é. Seduz o coração de todos um impossível mito de perfeição a que são sacrificadas todas as coisas e as relações mais belas. Mesmo que ninguém pareça transmitir comandos do alto, todo dia nos encontramos correndo como loucos, para mostrarmo-nos impecáveis no modo de vestir, de trabalhar, de viver as relações de amizade e de amor. Parecemos todos inscritos numa espécie de show de talentos coletivo onde precisamos exibir o melhor perfil e esconder clandestinamente o pior. Em tal modo, condenamo-nos sozinhos a dever ser necessariamente inautênticos, perante os outros, mas ao fim também diante de nós mesmos. Caímos no engano de crer que podemos ser amados e apreciados na medida em que nos mostramos incríveis, confiáveis e sem defeitos.

A partir dessa moderna forma de escravidão, a oração é capaz de libertar-nos de modo surpreendente, se prestamos atenção ao que efetivamente procuramos por meio dela. O grande engano poderia ser aquele de pedir a Deus de nos fortalecer ou curar daquela fraqueza que nos impede de sermos fortes, vencedores e perfeitos como o mundo nos pede e uma parte do nosso coração deseja. Nessa armadilha, caíram também discípulos, que esperaram obter de Jesus toda uma série de vantagens e de privilégios que correspondessem aos ídolos deles e certamente não a uma felicidade autêntica e possível. O Evangelho os mostra litigiosos e competitivos durante a véspera da morte de Jesus, incapazes de contemplar o oceano de amor que estava para revelar-se sobre a cruz e no qual também eles foram então imersos depois da sua ressurreição. Pensavam ser incríveis e fortes – ou pelo menos que deveriam ser assim a todo custo –, mas só quando são descobertos e aceitos na própria fragilidade diante do rosto misericordioso de Cristo, entenderam onde estava a felicidade em casa: não na capacidade de ser perfeito, mas na possibilidade de deixar ser amado.

> Portanto prefiro orgulhar-me das minhas fraquezas para que habite em mim a força de Cristo. Eis por que sinto alegria nas fraquezas, nos insultos, nas necessidades, nas perseguições, no profundo desgosto sofrido por amor de Cristo. Pois quando me sinto fraco, então é que sou forte (2Cor 12,9-10).

Esse testemunho do Apóstolo Paulo pode ser um ótimo critério com o qual verificar o que a oração nos está não só fazendo sentir bem, mas efetivamente ajudando a ser pessoas livres e (mais) autênticas.

Desde quando os nossos progenitores se esconderam atrás de um arbusto e começaram a cobrir a própria intimidade com uma máscara improvisada, o grande mal do que Deus precisa salvar-nos é a vergonha de não nos poder apresentar por aquilo que somos na reunião com a vida e no encontro com os outros.

A salvação que a oração infunde em nós não é o encantamento que nos transforma em seres perfeitos, impassíveis e impossíveis. É a intensidade fiel e segura de um amor que, ajudando-nos a acolher profundamente tudo aquilo que somos, nos doa a liberdade de não dever mais fingir, mas de nos poder mostrar sempre autênticos. Seja quando nos descobrimos capazes de fazer coisas boas, verdadeiras e belas, seja quando tropeçamos no engano do pecado e desperdiçamos as oportunidades que a vida nos oferece. Entrar e permanecer nessa liberdade é a boa batalha que a oração nos pede para enfrentar.

Finalmente viver

Uma coisa importante para fazer quando se aprende uma arte é aquela de saber então colocá-la de lado, depois de ter assimilado os seus princípios e sua técnica. A oração não é isenta dessa regra tão útil e libertadora. Continuando a orar, de fato, poderíamos também nos afeiçoar tanto nesse gesto que começaríamos a fazê-lo por si mesmo, esquecendo-se de todo instrumento que nos serve na medida em que nos consente realizar o objetivo para qual o utilizamos.

Qual é o motivo para que entremos e persevere-mos na oração? Uma frase de Cassiano nos oferece uma sugestão da qual partir: "A oração ainda não é perfeita enquanto o monge estiver consciente dela e souber que está orando". Se não nos vem indicado o fim último da oração, podemos ao menos discernir qual é o limite a ser ultrapassado se queremos que a nossa oração chegue à realização. Trata-se de per-manecer fiéis a ela até o dia em que paremos de estar conscientes de tudo o que por longo tempo nos exi-giu vigilância, atenção, rigor, criatividade, paciência, esforço e amor. Não é uma indicação tão extravagan-te, porque em todas as disciplinas as regras a serem seguidas no início com grande zelo tornam, com o passar do tempo, gestos que nem percebemos mais que estamos fazendo. Poderíamos ir mais além, refle-tindo sobre uma descrição que Tomás de Celano faz de São Francisco, que foi totalmente transformado não só em orante, mas na própria oração (cf. 2Cel 95,5). A ligação com a vida é, talvez, o verdadeiro ponto de chegada do caminho da oração, a resposta a todas as perguntas acerca do seu objetivo último. O que precisa fazer depois de ter orado? Onde quer nos conduzir a oração? De que nos serve perseverar na oração? Simplesmente viver. E fazê-lo na maior liberdade e autenticidade possíveis. A oração não é a *performance* definitiva, na qual corremos o risco de não nos sentir jamais nem bem com a consciência, nem em paz com Deus e com os outros. Ao contrário, sem em nossas orações permitimos suavizar e simplificar o nosso coração, ao fim de um caminho espiritual só poderemos nos sentir mais humanos, mais verdadeiros, mais livres de existir sem alguma ansiedade de desempenho. Na verdade, cheios de um desejo humilde de poder nos envolver com tudo e com todos, sem mais medo de perder a nós mesmos e a nossa liberdade.

Citemos uma última vez São Francisco e a sua original compreensão da felicidade possível para quem se deixa ser amestrado pelo Espírito. No célebre relato dos *Fioretti* sobre a "perfeita alegria", o Pobre de Assis explica ao Frei Leão onde está, segundo ele, o segredo de uma alegria autêntica: não numa maravilhosa expansão da Ordem dos Frades Menores, nem na capacidade deles de converter ao Evangelho todas as gentes e até mesmo os infiéis; para Francisco, a perfeita alegria reside no modo de reagir quando os outros, sobretudo os amigos e as pessoas mais próximas, não nos acolhem ou até mesmo rejeitam a nossa presença percebida como hostil ou entediante. Ele está vivendo exatamente essa experiência com os seus frades que, agora numerosos, gostariam de emancipar-se dele e da sua radical experiência evangélica: "Digo-te que, se eu tiver paciência e não ficar perturbado, nisto está a verdadeira alegria e a verdadeira virtude e a salvação da alma" (*Perfeita Alegria*, 15).

Poder-se-ia pensar que Francisco, como resultado da oração, tenha maturado uma espécie de impassibilidade frente aos eventos negativos e que isso lhe tenha permitido ficar sereno também em situações, objetivamente, muito dolorosas. Esse ideal estoico, perseguido por tantas filosofias, ocidental e orientais, antes e depois de Cristo, não é a melhor compreensão da experiência de São Francisco. Como um bom ouvinte do Evangelho e um apaixonado discípulo de Cristo, o santo de Assis, com o relato da perfeita alegria, quis dizer que a felicidade não é só um sentimento agradável, mas uma forma de inteligência diante das coisas, a que se pode chegar unicamente pela força do Espírito. Não reagir mal quando se encontra em circunstâncias ruins certifica que a nossa oração convenceu o nosso coração de que não é mais o tempo de responder ao mal com outro mal. Ter paciência e saber guardar a paz, também em meio a grandes tribulações, é a forma de vida mais livre e maior que podemos assumir.

De resto, a sensibilidade de Francisco de Assis está perfeitamente em harmonia com o que o Senhor Jesus anunciou no início do seu ministério público.

Felizes os que têm espírito de pobre, porque deles é o reino dos céus. Felizes os que choram, porque serão consolados. Felizes os mansos, porque possuirão a terra. Felizes os que têm fome e sede de justiça, porque serão saciados. Felizes os misericordiosos, porque alcançarão misericórdia. Felizes os puros de coração, porque verão a Deus. Felizes os que promovem a paz, porque serão chamados filhos de Deus. Felizes os perseguidos por causa da justiça, porque deles é o reino dos céus. Felizes sereis quando vos insultarem e perseguirem e, por minha causa, disserem todo tipo de calúnia contra vós. Alegrai-vos e exultai, porque grande será a vossa recompensa nos céus. Foi assim que perseguiram os profetas antes de vós (Mt 5,1-12).

Nas bem-aventuranças, oração e vida ficam unidas e coesas, porque nelas se afirma que a verdadeira alegria não deve ser procurada fora, mas dentro dos limites da realidade. Asseguram-nos que não é verdade que somos todos destinados à felicidade, mas exatamente o contrário: a felicidade é destinada a nós, desde sempre, por Deus, que é nosso Pai. A chave de uma autêntica alegria não está acima dos nossos desejos frustrados, mas no fundo da nossa capacidade de reconhecer e de aceitar o que somos. As bem-aventuranças são o convite a acolher com gratidão a realidade também quando não parece fácil nem agradável. As bem-aventuranças propõem rejeitar a ilusão de que a vida pode melhorar só por meio da chegada de alguma coisa de fora, considerada mais verdadeira, mais bela e mais significativa do que somos e das possiblidades que temos. A realidade, tal como é, com as suas luzes e as suas sombras, pode sempre tornar-se um lugar e um modo de felicidade.

Quando o nosso coração fica convencido de que as coisas são exatamente assim, mais do que em mil outros termos, a oração em nós está definitivamente realizada. O Espírito conseguiu gerar em nós uma nova criatura: amada por Deus, privada de vergonha, livre do medo da morte e do sofrimento.

Podemos, então, continuar a viver.

E não parar mais de amar.

Finalmente vivos.

Conclusão

A oração não é impossível, é só difícil. O motivo não consiste no fato de que se trata de uma disciplina sofisticada, em que se exige uma inteligência ou uma sensibilidade particulares, de que muitas pessoas estão geralmente desprovidas. Se assim fosse, a oração não poderia ser o modo com que toda criatura aprende a reconhecer e a louvar o seu Criador. Pelo contrário, na história da espiritualidade, os melhores orantes, muito frequentemente, foram as pessoas mais simples, às vezes até mesmo ignorantes, que maturaram, com os instrumentos de que dispunham, uma grande abertura e uma rica sensibilidade aos vestígios de Deus disseminados no próprio coração e na realidade em que se encontravam.

A dificuldade da oração, que nas páginas deste livro tentamos ilustrar e iluminar, deve-se ao fato de que, quando nos dirigimos a Deus de maneira lúcida e explícita, só podemos tornarmo-nos nós mesmos, tentando ser uma harmonia e não mais um conjunto de separações. A oração é um dos lugares privilegiados – talvez o único – onde, ao decorrê-lo, não podemos fingir, mas devemos tentar recompor a fragmentação do nosso viver e do nosso sentir. No desenrolar dessa atividade espiritual, uma experiência estável e não só ocasional, o único preço a pagar é a disponibilidade de permitir que a paciência de Deus remedeie e recomponha tudo o que em nós convive ainda de maneira separada e forçada.

Seja qual for a forma como começamos a orar, logo descobrimos que, ao menos diante do amor eterno de Deus, os opostos podem – ou melhor, devem – logo se reconciliar: rigor e amor, dureza e doçura, verdade e misericórdia, pecado e graça, movimento e quietação. Todos aqueles divórcios, que facilmente aceitamos na realidade cotidiana, na oração se tornam pouco a pouco inadmissíveis. Na medida em que conseguimos permanecer com perseverança diante do rosto de um Pai que, tendo doado a nós o seu Filho, já nos tem doado tudo, cada resíduo de medo, cólera, ódio, rancor, inveja, tristeza é destinado a desaparecer, deixando espaço só ao que o Espírito é capaz de gerar em um coração que se deixa finalmente amar: "amor, alegria, paz, paciência, afabilidade, bondade, fidelidade, mansidão, continência" (Gl 5,22).

Só resta então tentar, pedir, aprender a arte da oração com todo o desejo e a disciplina de que somos capazes. Lançar-se no rio de quantos, antes de nós, tentaram passar deste mundo rumo ao Pai, procurando piedade e luz naquele céu que – o nosso coração sabe – só pode ser o nosso último destino, é a única liberdade verdadeiramente necessária. O único gesto que ninguém pode fazer em nosso lugar. Graças a Deus.

Conecte-se conosco:

f facebook.com/editoravozes

⬜ @editoravozes

✕ @editora_vozes

▶ youtube.com/editoravozes

🟢 +55 24 2233-9033

www.vozes.com.br

Conheça nossas lojas:

www.livrariavozes.com.br

Belo Horizonte – Brasília – Campinas – Cuiabá – Curitiba
Fortaleza – Juiz de Fora – Petrópolis – Recife – São Paulo

Vozes de Bolso

EDITORA VOZES LTDA.
Rua Frei Luís, 100 – Centro – Cep 25689-900 – Petrópolis, RJ
Tel.: (24) 2233-9000 – E-mail: vendas@vozes.com.br